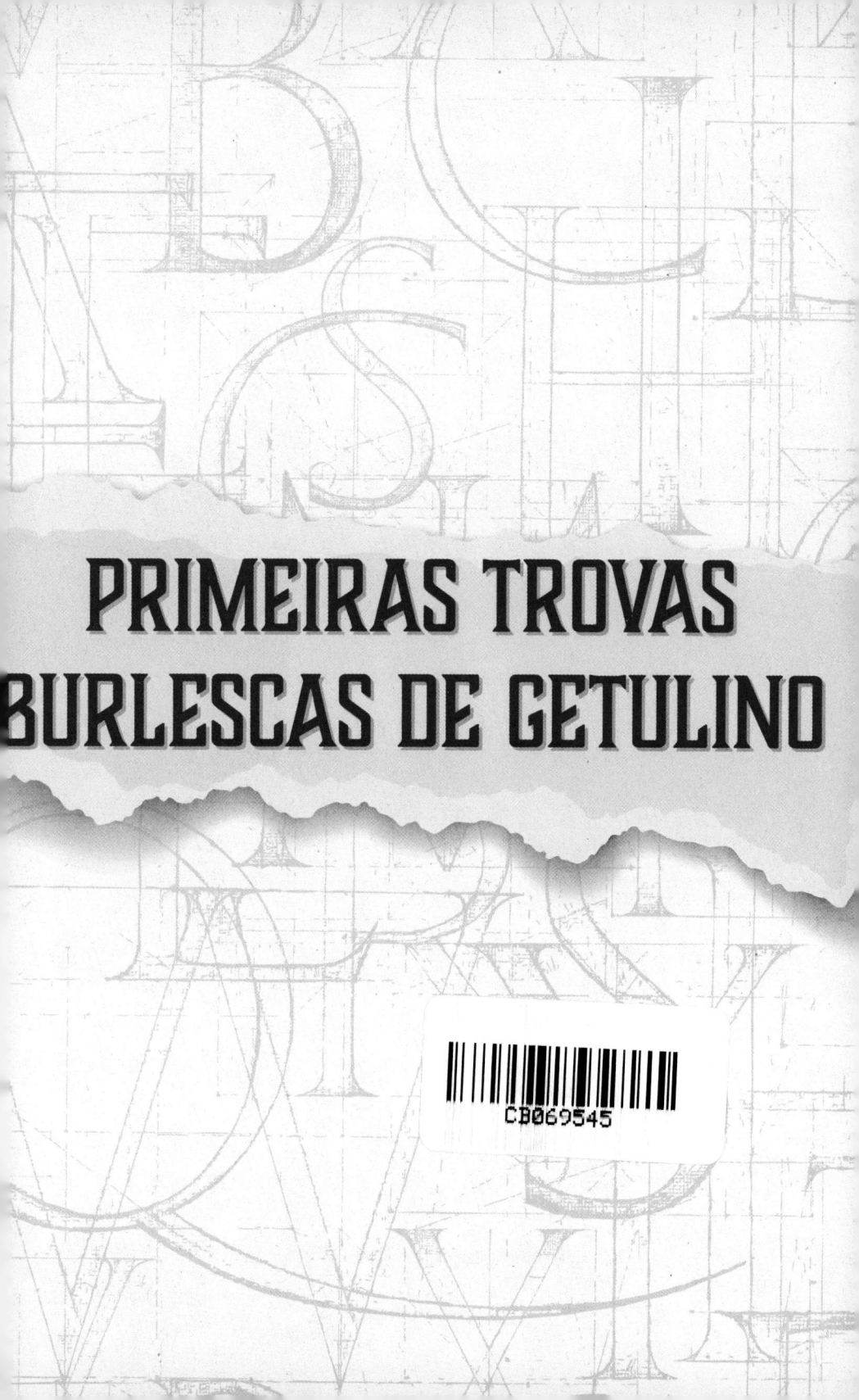

Luiz Gama

PRIMEIRAS TROVAS BURLESCAS DE GETULINO

Principis

Esta é uma publicação Principis, selo exclusivo da Ciranda Cultural
© 2021 Ciranda Cultural Editora e Distribuidora Ltda.

Texto
Luiz Gama

Editora
Michele de Souza Barbosa

Preparação
Helô Beraldo

Revisão
Karine Ribeiro

Produção editorial
Ciranda Cultural

Diagramação
Linea Editora

Design de capa
Ciranda Cultural

Imagens
Ekaterina Kulaeva/Shutterstock.com;
alex74/Shutterstock.com

Dados Internacionais de Catalogação na Publicação (CIP) de acordo com ISBD

G184p   Gama, Luiz

Primeiras trovas burlescas de Getulino / Luiz Gama. - Jandira, SP : Principis, 2021.
160 p. ; 15,5cm ; 22,6cm. - (Clássicos da literatura)

ISBN: 978-65-5552-245-7

1. Literatura brasileira. 2. Poesia. 3. Trova. I. Título. II. Série.

2020-2963

CDD 869.1
CDU 821.134.3(81)-1

Elaborado por Vagner Rodolfo da Silva - CRB-8/9410

Índice para catálogo sistemático:
1. Literatura brasileira : Poesia 869.1
2. Literatura brasileira : Poesia 821.134.3(81)-1

1ª edição em 2021
www.cirandacultural.com.br
Todos os direitos reservados.
Nenhuma parte desta publicação pode ser reproduzida, arquivada em sistema de busca ou transmitida por qualquer meio, seja ele eletrônico, fotocópia, gravação ou outros, sem prévia autorização do detentor dos direitos, e não pode circular encadernada ou encapada de maneira distinta daquela em que foi publicada, ou sem que as mesmas condições sejam impostas aos compradores subsequentes.

SUMÁRIO

Prótase 9
Lá vai verso 12
Junto à estátua 15
Sortimento de gorras 18
O velho namorado 24
Num álbum 30
O gamenho 35
Mote 37
Soneto 38
A um fabricante de pírulas 39
Ao mesmo 41
Arreda que lá vai um vate! 42
A pitada 44
O balão 50
A um fabricante de pírulas 60
A um nariz 64
Uma orquestra 67
O grande curador do mal das vinhas 73
Pacotilha 77
Coleirinho 82
Soneto 84
A um vate enciclopédico 86
No álbum 89

A uns colarinhos............................... 94
Serei Conde, Marquês e Deputado!............... 97
Os glutões..................................... 99
Farmacopeia................................... 107
A borboleta................................... 115
Quem sou eu?.................................. 117
O janota...................................... 123
Laura... 127
Que mundo é este?............................. 132
O Barão da Borracheira........................ 136
A cativa...................................... 139
Soneto.. 142
Novo sortimento de gorras para a gente de
grande tom.................................... 143
Retrato de um sabichão........................ 148
Num álbum..................................... 152
Minha mãe..................................... 155
No cemitério de S. Benedito................... 158

Contudo, se vir alguém
Que deles zombe, e de mim,
Defende-me, e dize assim:
Cada qual dá o que tem.

Faustino Xavier de Novais

PRÓTASE

Embora um vate canhoto
Dos loucos aumente a lista,
Seja cisne ou gafanhoto
Não encontra quem resista
Dos seus versos à leitura,
Que diverte, inda que é dura!

Faustino Xavier de Novais

No meu cantinho,
Encolhidinho,
Mansinho e quedo,
Banindo o medo,

Do torpe mundo,
Tão furibundo,
Em fria prosa
Fastidiosa –

O que estou vendo
Vou descrevendo.
Se de um quadrado
Fizer um ovo
Nisso dou provas
De escritor novo.

Sobre as abas sentado do Parnaso,
Pois que subir não pude ao alto cume,
Qual pobre, de um Mosteiro à Portaria,
De trovas fabriquei este volume.

Vazios de saber, e de prosápia,
Não tratam de Ariosto ou Lamartine
Nem recendem as doses ambrosias
De Lamires famoso ou Aretine[1].

São ritmos de tarelo, atropeladas,
Sem metro, sem cadência e sem bitola,
Que formam no papel um zigue-zague,
Como os passos de rengo manquitola.

Grosseiras produções d'inculta mente,
Em horas de pachorra construídas;
Mas filhas de um bestunto que não rende
Torpe lisonja às almas fementidas.

São folhas de adurente cansanção,
Remédio para os parvos d'excelência;

---

[1] Atualmente, o nome do poeta Aretine (1492-1556) costuma ser atualizado para "Aretino", porém, neste caso, perderia a rima. (N.R.)

Que aos arroubos cedendo da loucura,
Aspiram do *poleiro* alta eminência.

E podem colocar-se à retaguarda
Os veteranos sábios da influência;
Que o trovista respeita submisso,
Honra, pátria, virtude, inteligência.

Só corta com vontade nos malandros,
Que fazem da Nação seu Montepio;
No remisso empregado, *sacripante*,
No lorpa, no peralta, no vadio.

À frente parvalhões, heróis Quixotes,
Borrachudos Barões da traficância;
Quero ao templo levar do grão Sumano
Estas arcas pejadas de ignorância.

LÁ VAI VERSO

Quero também ser poeta,
Bem pouco, ou nada me importa
Se a minha veia é discreta,
Se a via que sigo é torta.

Faustino Xavier de Novais

Alta noite, sentindo o meu bestunto
Pejado, qual vulcão de flama ardente,
Leve pluma empunhei incontinente
O fio das ideias fui traçando.

As Ninfas invoquei para que vissem
Do meu estro voraz o ardimento;
E depois revoando ao firmamento,
Fossem do *Vate* o nome apregoando.

Oh! Musa de Guiné, cor de azeviche,
Estátua de granito denegrido,

Ante quem o Leão se põe rendido,
Despido do furor de atroz braveza;
Empresta-me o cabaço d'*urucungo*[2],
Ensina-me a brandir tua *marimba*,
Inspira-me a ciência da *candimba*[3],
As vias me conduz d'alta grandeza.

Quero a glória abater de antigos vates,
Do tempo dos heróis armipotentes;
Os Homeros, Camões – aurifulgentes
Decantando os *Barões* da minha Pátria!
Quero gravar em lúcidas colunas
O obscuro poder da parvoíce
E a fama levar de vil sandice
Às longínquas regiões da velha Báctria!

Quero que o mundo me encarando veja,
Um retumbante *Orfeu de carapinha*,
Que a Lira desprezando, por mesquinha,
Ao som decanta da Marimba augusta;
E, qual Árion entre os Delfins,
Os ávidos piratas embaindo –
As ferrenhas palhetas vai brandindo
Com estilo que preza a Líbia adusta.

Com sabença profusa irei cantando
Altos feitos da gente *luminosa*,
Que a trapaça movendo potentosa
A mente assombra, e pasma à natureza!

---

[2] Instrumento musical africano usado no candomblé e na capoeira. (N.R.)
[3] Ciência misteriosa exclusiva dos sacerdotes do candomblé. (N.R.)

Espertos eleitores de *encomenda*,
Deputados, Ministros, Senadores,
Galfarros[4] Diplomatas – chuchadores,
De quem reza a cartilha de esperteza.

Caducas Tartarugas – desfrutáveis,
Valharrões tabaquentes – sem juízo,
Irrisórias-fidalgas – de *improviso*,
Finórios traficantes – *patriotas*;
Espertos maganões, *de mão ligeira*,
Emproados juízes de *trapaça*,
E outros que de honrados têm *fumaça*,
Mas que são refinados agiotas.

Nem eu próprio à festança escaparei;
Com foros de *Africano fidalgote*,
Montado num *Barão* com ar de zote –
Ao rufo do tambor, e dos zabumbas,
Ao som de mil aplausos retumbantes,
Entre os netos da Ginga, os meus parentes,
Pulando de prazer e de contentes –
Nas danças entrarei d'altas *caiumbas*[5].

---

[4] Galfarros, de etimologia espanhola, guarda dois sentidos, oficial de polícia/beleguim ou comilão. Considerando o primeiro sentido, o verso pediria vírgula e ficaria: "Galfarros, Diplomatas – chuchadores,". No segundo sentido, o adjetivo qualificaria o substantivo que o segue e seria grafado sem vírgula: "Galfarros Diplomatas – chuchadores,". Em ambos os casos, "chuchadores" qualificariam os "espertos eleitores de encomenda" e o que segue nos versos acima do destaque. (N.R.)
[5] Danças animadas, às quais presidem os seres transcendentais. (N.A.)

JUNTO À ESTÁTUA
(NO JARDIM BOTÂNICO DE SÃO PAULO)

Já a saudosa Aurora destoucava
Os seus cabelos de ouro delicados,
E as boninas nos campos esmaltados
De cristalino orvalho borrifava

Camões – *Sonetos*

Em plácida manhã serena e pura,
Sentado à borda de espaçoso lago;
O corpo recostado em frio marmor,
Túrridos membros sobre a terra quedos,
Qual túmido Tritão de amor vencido,
Transpondo as serras, iracundos mares,
D'Aurora o berço perscrutando ousado,
Dolorosos suspiros exalava
Meu frágil peito da natura escravo.

Já nas fúlgidas portas do Oriente[6],
Trajando púrpura majestoso assoma[7]
Luzeiro ardente, que expandindo os raios,
Deslumbra os olhos, e a razão sucumbe;
E, com furtiva luz, pálidas fogem[8]
Notívagas esferas cintilantes.
As brandas auras perfumadas vinham
De grato aroma que invejara Meca,
Nos tortos ramos assoprar de manso.

Em nuvens brancas lá do céu caía
Pranto saudoso que derrama a Aurora,
Que a terra orvalha, que floreia os prados.

Volátil bando de ligeiras aves,
Brandindo as asas pelo ar brincavam,
Modulando canções, ternas endechas[9].

Longe do mundo, das escravas turbas,
Que o ouro compra de avarentos, Cresos[10],
A minh'alma aos delírios se entregava,
A sombra de ilusões – de aéreos sonhos.

Formosa virgem de nevado colo,
De garços olhos, de cabelos louros;
Sanguíneos lábios, elegante porte,
Mimoso rosto de Ericina bela,
Curvando o seio de alabastro fino,

---

[6] Na edição de 1859, "Já nos fúlgidos umbrais", segundo Ligia Fonseca Ferreira. (N.R.)
[7] Na edição de 1859, "Trajando púrpura majestoso vinha", segundo Ferreira. (N.R.)
[8] Na edição de 1859, "E, com furtiva luz, sumidas iam.", segundo Ferreira. (N.R.)
[9] No original, "endeixas". (N.R.)
[10] Cresos (Creso), rei da Lídia, famoso pela sua riqueza proveniente das areias auríferas do seu reino. (N.R.)

Mimosa imprime nos meus lábios negros
Gostoso beijo de volúpia ardente! –
Vencido de prazer, nadando em gozos,
Já temeroso pé movendo incerto,
Voo com ela às regiões etéreas
Nas tênues asas de ternura infinda.
....
Rasgando o véu das ilusões mentidas,
Que est'alma frágil seduzir puderam,
Imóvel terra, cambiantes flores,
Viram meus olhos no romper da Aurora;
E dentre os braços, que cerrados tinha,
Gelada estátua de grosseiro mármore!...

Cândidas boninas,
E purpúreas rosas,
Violetas roxas
Do luar saudosas!

Verdejantes murtas,
Redolentes cravos,
Lindas papoulas
Da donzela escravos,

Ao soprar da brisa,
Em balanço undoso,
O mortal encantam
Num sonhar gostoso.

Mas fugindo as nuvens
– Que a ilusão fulgura,
Só vagueia à sombra
Da infernal ventura.

SORTIMENTO DE GORRAS
(PARA GENTE DE GRANDE TOM)

Seja um sábio o fabricante,
Seja a fábrica mui rica,
Quem carapuças fabrica
Sofre um dissabor constante:
Obra pronta, voa errante,
Feita avulso, e sem medida;
Mas no voo suspendida,
Por qualquer que lhe apareça,
Lá lhe fica na cabeça,
Té as orelhas metidas.

Faustino Xavier de Novais

Se o grosseiro alveitar ou charlatão
Entre nós se proclama sabichão;
E, com *cartas* compradas na Alemanha,

Por anil nos impinge *ipecacuanha*[11];
Se mata, por honrar a Medicina,
Mais voraz do que uma ave de rapina;
E num dia, se errando na receita,
Pratica no mortal cura perfeita;
Não te espantes, ó Leitor, da novidade,
Pois tudo no Brasil é raridade!

Se os *nobres* desta terra, empanturrados,
Em Guiné têm parentes enterrados;
E, cedendo à prosápia, ou duros vícios,
Esquecendo os negrinhos seus patrícios;
Se mulatos de cor esbranquiçada,
Já se julgam de origem refinada,
E curvos à mania que domina,
Desprezam a *vovó* que é preta-mina: –
Não te espantes, ó Leitor, da novidade,
Pois tudo no Brasil é raridade!

Se o Governo do Império Brasileiro,
Faz coisas de espantar o mundo inteiro,
Transcendendo o Autor da geração,
O jumento transforma em *sor Barão;*
Se o estúpido matuto, apatetado,
Idolatra o papel de mascarado;
E fazendo-se o lorpa[12] deputado,
N'Assembleia vai dar seu – *apolhado!*
Não te espantes, ó Leitor, da novidade,
Pois tudo no Brasil é raridade!

---
[11] Planta com propriedades purgativas. (N.R.)
[12] Na edição de 1859, "louco" em vez de "lorpa". (N.R.)

Se impera no Brasil o patronato,
Fazendo que o Camelo seja Gato,
Levando o seu domínio a ponto tal,
Que torna em sapiente o *animal*;
Se deslustram honrosos pergaminhos
Patetas que nem servem p'ra meirinhos
E que sendo formados Bacharéis,
Sabem menos do que pecos bedéis:
Não te espantes, ó Leitor, da novidade,
Pois que tudo no Brasil é raridade!

Se temos Deputados, Senadores,
Bons Ministros, e outros chuchadores;
Que se aferram às tetas da Nação
Com mais sanha que o Tigre, ou que o Leão;
Se já temos calçados – *mac-lama*[13],
Novidade que esfalfa a voz da Fama,
Blasonando as gazetas – que há progresso,
Quando tudo caminho p'ro regresso:
Não te espantes, ó Leitor, da pepineira,
Pois que tudo no Brasil é chuchadeira!

Se contamos vadios empregados,
Porque são de potências afilhados,
E sucumbe, à matroca, abandonado,
O homem de critério, que é honrado;
Se temos militares de trapaça,
Que da guerra jamais viram fumaça,

---

[13] Alusivo a "macadame", calçamento de pedras para cobrir as enlameadas ruas das cidades brasileiras, novidade inventada por John London MacAdams, segundo Ferreira. (N.R.)

Mas que empolgam chistosos ordenados,
Que ao povo, sem sentir, são arrancados:
Não te espantes, ó Leitor, da pepineira,
Pois que tudo no Brasil é chuchadeira!

Se faz oposição o Deputado,
Com discurso medonho, enfarruscado;
E pilhado a maminha da lambança,
Discrepa do papel, e faz mudança;
Se esperto capadócio ou maganão,
Alcança de um jornal a redação,
E com quanto não passe de um birbante,
Vai fisgando o metal aurissonante:
Não te espantes, ó Leitor, da pepineira,
Pois que tudo no Brasil é chuchadeira!

Se a guarda que se diz – Nacional,
Também tem caixa-pia, ou musical,
E da qual dinheiro se evapora,
Como o – Mal – da boceta de Pandora;
Se depois por chamar nova pitança,
Se depois se conserva a – Esperança;
E nisto resmungando o cidadão
Lá vai ter ao calvário da prisão;
Não te espantes, ó Leitor, da pepineira,
Pois que tudo no Brasil é chuchadeira!

Se temos majestosas Faculdades,
Onde imperam egrégias potestades,
E, apesar das luzes dos mentores,
Os burregos também saem Doutores;

Se varões de preclara inteligência,
Animam a defender a decadência,
E a Pátria sepultando[14] em vil desdouro,
Perjuram como Judas – só por ouro:
É que o sábio, no Brasil, só quer lambança,
Onde possa empantufar a larga pança!

Se a Lei fundamental – *Constipação*,
Faz papel de falaz camaleão,
E surgindo no tempo de eleições,
Aos patetas ilude, aos toleirões;
Se luzidos Ministros, d'alta escolha,
Com jeito, também mascam *grossa rolha*;
E clamando que – são *independentes* –,
Em segredo recebem bons presentes:
É que o sábio, no Brasil, só quer lambança,
Onde possa empantufar a larga pança!

Se a Justiça, por ter olhos vendados,
É vendida, por certos Magistrados,
Que o pudor aferrando na gaveta,
Sustentam – que o Direito é pura peta;
E se os altos poderes sociais,
Toleram estas cenas imorais;
Se não mente o rifão, já mui sabido:
Ladrão que muito furta é protegido –
É que o sábio, no Brasil, só quer lambança,
Onde possa empantufar a larga pança!

---

[14] Na edição de 1859, "abismando" no lugar de "sepultando". (N.R.)

Se ardente campeão da liberdade,
Apregoa dos povos a igualdade[15],
Libelos escrevendo formidáveis,
Com frases de peçonha impenetráveis;
Já do Céu perscrutando alta eminência
Abandona os troféus da inteligência;
Ao som d'aragem se curva, qual vilão,
O nome vende, a glória, a posição:
É que o sábio, no Brasil, só quer lambança,
Onde possa empantufar a larga pança!

E se eu, que amigo sou da patuscada,
Pespego no Leitor esta maçada;
Que já sendo avezado ao sofrimento,
Bonachão se tem feito pachorrento;
Se por mais que me esforce contra o vício
Desmontar não consigo o artifício;
E quebrando a cabeça do Leitor
De um tarelo não passo, ou falador;
É que tudo que não cheira a pepineira
Logo tacham de maçante frioleira.

---

[15] Na edição de 1859, o verso está "Dos povos apregoa a igualdade". (N.R.)

O VELHO NAMORADO

Pobre velho! Estás perdido
Se nesse couro tão duro,
Pôde ainda fazer-te um furo
Uma seta de Cupido!
Desse mal acometido,
Remédio te não darão;
Que nessa idade a paixão,
Bem que assim te não pareça,
É moléstia da cabeça,
Que não sente o coração.

Faustino Xavier de Novais

Um velho demente
Mimoso ratão,
Fiado em Cupido,
Quis ser *Maganão*.

Primeiras trovas burlescas de Getulino

Janeiros sessenta,
Contava o patola,
Com rugas na cara,
Com ar de façola.

Gorducho e roliço,
Qual porco cacete;
Cabeça de coco,
Nariz de pivete.

De pança crescida,
Andar de garoto,
Franzindo sobrolho,
Olhar de maroto.

Cedendo à loucura,
Que dele zombava,
A barba e cabelo
Cuidoso pintava.

Brunia os sapatos,
O fato escovava;
Na destra grosseira
Bengala empunhava.
Se via à janela,
Mocinha dengosa;
De lindo semblante
E lábios de rosa:

Então, derretido,
O velho lapuz,

Saltava, gingava,
Qual jovem de truz.

Se a bela formosa,
Por mofa, sorria,
O pobre do *punga*
Alentos bebia.

Assim pretendia
Esposa encontrar,
Que a sua rabuge
Quisesse aturar

Eis chega-se o dia
De amor inspirado;
Enfeita-se o asno,
Assim preparado.

Da cara deidade
Trepando as escadas,
Com fúria de bravo,
Dá quatro palmadas!

Lá corre a criada,
Mulata faceira,
De porte agradável,
Nos modos brejeira;

E vendo o basbaque
A moda vestido,
Exclama, sorrindo:
"Que lindo Cupido!

"Bonita casaca,
"Colete bordado;
"Chapéu de patente,
"Cabelo *pintado*!...

"Vem tão bonitinho!...
"A quem quer falar?"
"Co'a dona da casa
"Desejo tratar."

Escanc'ram-se as portas,
Lá entra o velhote,
De negra azeitona
Redondo ancorote[16].

Eis chega a matrona,
Que a casa dirige;
Daquela visita,
A dona se aflige.

Também vem com ela
Formosa menina,
De louros cabelos
E face divina.

"Que ordenas, pergunta,
"Ilustre *mancebo*?"
Estufa-se o lorpa,
Cupido de sebo!

---

[16] Na edição de 1859, a estrofe tem a apresentação "Abrem-se as portas,/ Entra o velhote;/ Qual de azeitonas,/ Grosso ancorote.". (N.R.)

Prepara a garganta
Tomando postura,
À frente se põe
Da prenda futura.

E qual orador
Em pleno auditório,
O gebas começa
O seu palanfrório[17]:

Ó Venus pudibunda, sem igual,
A teus pés aqui tens este animal,
Que vencido de amor pelos teus gestos,
Curvado te apresenta os seus protestos!
Vencestes do bigode – autoridade,
Do soldado a cruel severidade!
Este todo que vês tão rijo e duro,
Em borra ficará para o futuro;
Este peito que bate só por ti,
Já rendido e quebrado o tens aqui.
Guerreiro das campanhas *cupidárias*[18],
Dos mercúrios, jalapas e fumárias.
Sou velho, mas em tudo tão perfeito,
Que não conto, sequer um só defeito!

Agora tu, matrona ajuizada,
Que pariste esta prenda delicada,
Consente no casório desejado,
Não faças do *velhote* um desgraçado!

---
[17] Variação de "falatório". (N.R.)
[18] Por "cupidinárias". (N.R.)

Primeiras trovas burlescas de Getulino

Notando a donzela,
Que o peco[19] farfante,
Vencido de amores,
Se fez um pedante;

A ele se chega,
Com ar sedutor,
Que os peitos encanta
Que mata de amor;

Com gesto femíneo
Que a mente não trai,
Sorrindo, lhe disse:
"A bênção, papai!..."

Depois, prazenteira,
A face voltando,
Com garbo de fada
Se foi retirando!...

E com esta chalaça tão picante
O avô de Saturno, delirante,
Não ficou homem, não, mas mudo e quedo
Qual junto de um penedo outro penedo!
E, depois que se sentiu codilhado,
Pela porta tomou, muito enfiado.

---
[19] Estúpido. (N.R.)

NUM ÁLBUM
Do meu amigo J. A. da Silva Sobral

> *Amigo*
> *Pedes um canto na lira,*
> *A quem apenas lhe tira*
> *Sons de viola chuleira?*
> *Insistes dessa maneira?*
> *Não sabes que, por desgraça,*
> *Por mais esforços que faça*
> *Por ser vate é sempre em vão?*
> *Não vás que mente o rifão:*
> *Quem porfia mata caça?*
>
> Faustino Xavier de Novais

Se tu queres, meu amigo,
No teu álb'um pensamento
Ornado de frases finas,
Ditadas pelo talento;

Não contes comigo,
Que sou pobretão:
Em coisas mimosas
Sou mesmo um ratão.

Não falo de flores,
Dos prados não falo,
Nem trato dos sinos
Porque têm badalo;

Da rola que geme,
À borda do ninho,
Do tênue regato
Que corre mansinho;

Nem das travessuras
Do terno Cupido,
Que faz do beato
Janota garrido.

Mas se queres que alinhave
Palavras desconchavadas,
Desculpa, com paciência,
Sandices que vão ritmadas.

Desprenda-se a veia
Comece a festança
Movendo, cortando –
Com toda chibança.

Ateie-se a Musa,
Na magra cachola,

Com frases flamantes
De chocho pachola.

E qual estudante,
Campando de sábio,
Que empunha a luneta,
Que é seu astrolábio,

Eu pego na pena,
Escrevo o que sinto;
Seguindo a doutrina
Do grande Filinto[20].

Que estou a dizer?!
Bradar contra o vício!
Cortar nos costumes!
Luís, outro ofício...

Não lutes com isso,
Trabalhas em vão;
E podes tocar
N'algum *paspalhão*.

Vai lá para a tenda
Pegar na sovela,
Coser teus sapatos
Com linha amarela.

Mordendo na sola,
Empunha o martelo,

---

[20] Filinto Elísio, pseudônimo árcade do padre Francisco Manuel do Nascimento (1734-1819). (N.R.)

Não queiras com *brancos*,
Meter-te a tarelo.

Que o branco é mordaz
Tem *sangue azulado*;
Se boles com ele
Estás *embirado*.

Não borres um livro,
Tão belo e tão fino;
Não sejas pateta,
Sandeu e mofino.

Ciências e letras
Não são para ti
Pretinho da Costa[21]
Não gente aqui

....
Ouvindo o conselho
Da minha razão[22],
Calei o impulso
Do meu coração.

Se o muito que sinto
Não posso dizer,
Do pouco que sei
Não quero escrever.

---

[21] Na edição consultada, está "Cost". (N.R.)
[22] Na edição consultada, o verso termina em (.). (N.R.)

Luiz Gama

Não quero que digam
Que fui atrevido;
E que na ciência
Sou intrometido.

Desculpa, meu amigo,
Eu nada te posso dar;
Na terra que rege o *branco*
Nos privam té de pensar!...

Ao peso do cativeiro
Perdemos razão e tino,
Sofrendo barbaridades,
Em nome do Ser Divino!!

E quando lá no horizonte
Despontar a Liberdade;
Rompendo as férreas algemas[23]
E proclamando a igualdade,
Do chocho bestunto
Cabeça farei;
Mimosas cantigas
Então te direi. –

---
[23] Na edição de 1859, "Calcando as algemas férreas". (N.R.)

O GAMENHO[24]

Parece-me impossível que o gamenho,
Que cuidoso só trata do cabelo,
Não tenha transformado em um novelo
O miolo que encobre tal sedenho!

(O Autor)

Lá ginga na praça
Gentil namorado;
Vai tão adamado,
Que as belas mais dengues
Lhe rendem mendengues.

Passinhos de Ninfa
Mimosa, engraçada;
Parece uma fada,

---
[24] Janota, malandro, indivíduo afetado. (N.R.)

Luiz Gama

Nem Vênus formosa
Como ele é garbosa!

Trejeitos femíneos,
Pisar delicado,
Andar compassado;
Oh céus, que luxúria,
Que terna melúria! –

Que ar sedutor,
Que todo elegante,
Que lindo semblante,
Que pé delicado –
Parece moldado!

Mas se queres, Leitor, ver um contraste,
Adônis em Morcego transformado,
O Cupido em figura de Macaco –
Aproxima-te ao néscio namorado.

É um velho farsola[25], desfrutável,
Com fumaças de jovem repimpado,
Que ao ridículo se presta, qual demente,
Figura de presepe ou mascarado.

---

[25] Fanfarrão. (N.R.)

MOTE

E não pôde negar ser meu parente!

SONETO

Sou nobre, e de linhagem sublimada,
Descendo, em linha reta, dos *Pegados*,
Cuja lança feroz desbaratados
Fez tremer os guerreiros da Cruzada!

Minha mãe, que é de proa alcantilada,
Vem da raça dos Reis mais afamados;
Blasonara entre um bando de pasmados.
Certo povo de casta *amorenada*.

Eis que brada um peralta retumbante;
– "Teu avô, que de cor era latente,
"Teve um neto mulato e mui pedante!"

Irrita-se o fidalgo qual demente,
Trescala a vil catinga nauseante,
E não pôde negar ser meu parente!

A UM FABRICANTE DE PÍRULAS[26]

Soneto

Ilmos. Srs. da Municipal

Diz Dom Sancho careca, o carraspanas,
Antigo charlatão politiqueiro,
Por força da natura cozinheiro,
Atual compositor de trabuzanas[27],

Que a bem de seus direitos, sem chicanas,
Por honra da ciência, em que é primeiro,
Os foros se lhe dê de calhandeiro
Dos efeitos das *purgas paulistanas*.

---

[26] Forma antiga e popular para "pílulas". Note-se que Morais Silva registra "pírulas", no plural, como equivalente à pessoa tola ou esquisita. (N.R.)
[27] "Compositor de trabuzanas" equivaleria a um compositor de melodias confusas e desmedidas. (N.R.)

Luiz Gama

E sendo o suplicante o sabichão,
Inventor do sistema da rapina,
Reclama uma patente de invenção.

Requer para seu uso uma batina,
De burro uma queixada por brasão,
Sem fundos um barril por barretina.

AO MESMO

Soneto

Qual de pedra colosso ou monte Atlante,
De horrenda catadura, horrendo porte,
Rugindo se apresenta qual Mavorte,
Borrachudo *Averróes*[28] ali tonante.

Impondo de *Doutor* o ruminante,
De catrâmbias atira a negra morte,
Das fauces lhe despara o vento norte
Com tremendo estampido retumbante.

Eis que surge Chiron d'alta memória
E vendo esse monturo de bagaço
Raivoso então bradou, rasgando a história:

"Silêncio, ó charlatão! Nem mais um passo,
"Que levo-te a vergalho, à palmatória,
"Transformo-te num burro, e mais não faço.

---

[28] Averróes (1126-1198), médico e filósofo árabe. (N.R.)

ARREDA QUE LÁ VAI UM VATE!

Quis um pobre sandeu apatetado
Sobre as grimpas guindar-se do Parnaso;
Empunha uma bandurra desmanchada,
E nas ancas se encaixa do Pégaso.

As crinas se aferrando, como doido,
No bandulho do bruto as pernas cerra;
Manquejando na prosa, em verso rengo[29],
Ufanoso da glória exclama e berra:

Ao Parnaso! Ao Parnaso subir quero!
Sonoroso anafil empunho ousado,
Para a fama elevar do sacrilégio
Com meu fofo bestunto estuporado.

Os gatos mostrarei fugindo aos ratos,
Vistosos frutos em arbusto peco[30];

---

[29] Capenga. (N.R.)
[30] Raquítico. (N.R.)

Primeiras trovas burlescas de Getulino

Jumentos a voar, touros cantando,
E grandes tubarões nadando em seco!

Espanta-se o cavalo ao som da asneira,
E cuidando em si ter outro que tal,
Com saltos e corcovos desmedidos
O pateta lançou num tremedal.

Todo em lama, o coitado, besuntado,
A bandurra tocou destemperada,
E, por fim do descante, só ficaram
Asneiras e sandices – patacoada.

A PITADA

A pitada é coisa grande,
Vem de engenho sublimado;
É capaz de tirar monco
Do nariz mais confiado.

Certo Papa altipotente,
Dela tendo experiência,
Suspendeu suas tomadas,
Por temer sua influência.

Não respeita velho ou moço,
Seja preto ou cor de giz;
Sai do bote para a caixa,
E da caixa p'ra o nariz.

É prazer que não se explica,
Ardorzinho que consola,
Vício honesto, inocentinho,
Protegido pela estola.

Contra o peso da cabeça,
remédio tão gabado,
Que o não deixa um só momento
Todo o homem que é casado.

Toma a velha, a moça toma,
Toma a negra, toma a branca,
Toma o rico, toma o pobre,
Tendo a venta sempre franca.

Té nos líbicos desertos,
Toma o bárbaro gentio,
Torvo esturro cor de barro,
Recrestado ao sol de estio.

Oh! Pitada milagrosa,
Pitadinha portentosa!
Eu quisera ser um Dante,
Ter uma harpa ressonante,
P'ra cantar a tua glória
Sobre as aras da memória.

Não te zangues, pitadinha,
Pitadinha amarelinha;
Pobre filho da tarimba,
Vou cantar-te na marimba.
Atendei, oh tomadores,
Que eu começo os meus louvores!
É tão bela, é tão gabada
A virtude da pitada,
Que não há quem lhe resista,

Seja cego ou tenha vista!
Nem a velha recurvada,
Nem a moça enamorada,
Nem o padre, nem o frade,
Seja leigo ou seja abade,
São capazes de fugir,
Evitar ou resistir,
À tendência exacerbada,
Pela força da pitada!
Quem resiste ao bom tabaco,
Quer de binga quer de caco?!
Toma o menino de escola,
Para ter fresquinha a bola;
Toma o rude lavrador,
Toma o sábio professor:
Velhos lentes jubilados
Pelos anos alquebrados,
O vagaroso porteiro,
Os vigários, o sineiro,
Toma o mestre de francês,
O de latim, o de inglês,
O boçal qu'inda é caloiro,
Que o tomar não é desdoiro;
Veteranos, bacharéis,
Secretários e bedéis,
Diretores de colégios,
Apesar dos privilégios;
Também toma, por mania,
O que explica geometria.
E narizes tem-se visto,
Com prosápias de resisto,

Que chupitam num momento,
De tabaco bolorento,
Duas libras, bem pesadas,
Embutidas por pitadas.

A pitada é coisa grande,
Vem de engenho sublimado,
É capaz de tirar monco
Do nariz mais confinado.

Não tem bom gosto,
Quem fero, altivo,
Se mostra esquivo
À pitadinha;
Que é coisa santa,
Contra azedumes,
Negros ciúmes,
Tomada azinha.

Quer de canjica,
Quer de semonte,
Refresca a fronte,
Tomada azinha;
Por ela morre
Gentil donzela
Formosa e bela
Tão moreninha.

Alegre toma,
Morta de amores,
Libando as flores,

Qual avezinha,
Nívea loureira
Na orlada venta
Brandinha e lenta
A pitadinha.

Toma a casada,
Toma a solteira,
A honesta freira,
Que é bonitinha;
Entre os dedinhos,
Alvos, brunidos,
Com graça unidos,
A pitadinha.

Do gênio afasta,
Suavemente,
A impertinente,
Fera zanguinha;
Sara quebrantos,
Paixões de amores,
Acerbas dores,
Tomada azinha.

Qual o volátil,
Que inocentinho,
Deixando o ninho,
Beija a florinha
Assim, deidades,
Que as auras beijam,
Ternas almejam

A pitadinha.
Lindas meninas,
No seu passeio,
Levam – no seio –
A bocetinha,
Para tomarem,
Co'as companheiras,
Por brincadeiras,
A pitadinha.

E se o espirro,
Deixando a toca,
Vem à *taboca*
Ligeira e rude;
Entoa o bando
De *Huris* formosas,
Quais níveas rosas,
Um – Deus *lhe* ajude.

O BALÃO

Requeiro oh Musa,
Do grande Urbino,
Pincel divino,
D'alto rojão;
De Tasso o gênio,
De Homero a fama,
Que o mundo aclama,
D'áurea feição.

Que cantar quero,
Vibrando o plectro,
Com doce metro,
Ancho balão;
Erguendo aos ares
Novas esferas,
Tontas megeras,
De rubicão.

Guapos rapazes,
Velhos caducos,
Sandeus malucos,
Por devoção;
Que, por pacholas,
O siso despem,
E à moda vestem,
Lá do Japão.

Rompa-se a marcha!
Eis um capenga,
Que untada a quenga
Traz de sabão;
Andar cadente,
No gesto grave,
E grossa trave
Tem por bastão!

Oh! que prosápia!
Traja com gosto,
Tem o composto
De um figurão!
Vem atacado,
E tão rotundo,
Que afronta o mundo,
Com seu balão!

Desfez-se o homem,
E não é peta,
Fez-se planeta,
– De Escorpião –!

Tem gás na pança,
Suspiro e bomba,
– Astro de tromba,
Luz de alcatrão!

Olá! que vejo!
Qual nívea estrela,
De luz singela,
Tem o clarão!
Mimosa fada,
Que os gênios doma,
Ampla redoma,
Do Indostão!

Faz mil requebros,
Gentil donzela,
Qual rosa bela
Contra o tufão;
Salta e corcova,
Como charrua,
Quando flutua,
Sem capitão!

Silêncio! é ela!
Tão vaporosa
Vem, e formosa,
– Que treme o chão!
Gordo cetáceo,
Deixando os mares,
Que afronta os lares,
Sobre um balão!

Primeiras trovas burlescas de Getulino

Eu te saúdo,
Oh tartaruga,
Romba taruga,
De barracão!
Monstro que alojas,
Sob os babados,
Dez mil soldados,
Do rei Plutão!

Planeta aquário,
Veloz, possante,
Que vaga errante,
Sem região;
Farol tremente,
D'estreita barra,
Que o leme emparra,
Do galeão.

Diz a gazeta,
(Caso de fama)
Que certa dama,
Numa função,
Fora atacada,
De flato horrível,
Que a pôs hirtível[31],
No raso chão.

Doze mancebos
A carregaram,
E colocaram,

---

[31] Relativo a "hirto". (N.R.)

Sobre um colchão,
E a castidade,
Sem ofenderem,
Para fazerem,
Fomentação;

Foram tirando,
Sem causar mágoas,
Fofas anáguas,
De camelão;
Curvadas molas,
Arcos de pipa,
Cordas de tripa,
E um rabecão.

Caixas de guerra,
Rouco zabumba,
Que além retumba,
Como trovão;
Felpuda palha
Para viveiros,
Dois travesseiros,
E um trombão.

Eis que debaixo,
Do tal babado,
Pula espantado,
De supetão,
Tremendo gato,
Miando, aflito,
Mais esquisito,
Que um sacristão!

Primeiras trovas burlescas de Getulino

Bradaram todos –
Que era feitiço,
Ou malefício,
De Faetão,
Chamou-se logo,
Para o sinistro,
Certo ministro
Do Alcorão[32].

Chega o bojudo,
Doutor Trapaças,
Que tem fumaças,
De sabichão;
Pega na pena,
Lavra a receita,
Para maleita –
Chá de gervão.

Suspira a moça,
No brando leito,
De novo aspeito[33],
Se amostra então;
Era a doença,
Pobre inocente,
A lava ardente,
Do seu balão!

Casos de estrondo,
Já se tem visto,
Que aqui registo,

---
[32] No original, em minúscula. (N.R.)
[33] Uma forma arcaica de "aspecto", segundo Ferreira. (N.R.)

Do tal balão,
Atendam todos,
Não façam bulha,
Que tem borbulha,
A narração.

Se algum marujo,
Fino tratante,
Faz-se de impante
Politicão;
Muda de credo,
Vira a casaca,
O gás ataca,
No seu balão.

Mas se perdendo
A Tramontana[34],
Qual Zé-Banana,
Pilha o tufão;
Foge ao perigo,
Deixa a catraia,
Buscando a praia,
É charlatão.

Inda que berre,
Inda que brade,
Qual rubro frade,
Com mau sermao;
Um povo inteiro,

---

[34] No original "A tramontana". (N.R.)

Lhe diz em face:
És um falace
Camaleão.

Se na fachada,
De um bom marido,
Que foi traído,
Surge um polmão;
Exclama a esposa,
Que são esguichos,
Os tubos fixos,
Para o balão!

Quem tal diria,
Que na fachada,
Tão respeitada,
Do cidadão,
Se assestariam,
Torcidas molas,
Curvas bitolas,
Para o balão!...

Rengas[35] moçoilas,
De pernas finas,
Têm lamparinas,
Óleo e carvão;
Para empinarem,
O bojo enorme,
Do desconforme,
Monstro balão.

---

[35] Manquejantes, coxas. (N.R.)

Também a velha,
De gâmbia esguia,
Traz, por mania,
Fofo balão;
Mas, rota a bomba,
É qual sanfona
Que zune e trona,
De cantochão.

Boçais donzelas,
Finas varetas,
Magros cambetas,
Têm seu balão;
Gás hidrogênio,
Tão sublimado,
Que, destampado,
Faz de trovão!

Não há cegonha,
Torta gazela,
Nem magricela,
Que de balão;
Não faça rodas,
Com tal rebojo[36],
Que vence, em bojo,
Néscio pavão!

Nem rapazola,
Parvo e pedante,
Que todo limpante,

---
[36] Rodamoinho. (N.R.)

Qual histrião,
Não julgue ousado,
Pobre pichote[37],
Ser Dom Quichote[38],
Sobre o balão!...

E tu, oh gênio,
Sublime e raro,
A quem deparo,
Nesta invenção;
Nas áureas letras,
Da sábia história,
Verás a glória –
Na exposição.

---

[37] Os dicionários modernos preferem a forma "pexote" e aceitam "pixote". Entretanto, foi mantida a forma da edição consultada para que se mantivesse a rima com o verso seguinte na forma proposta ali. (N.R.)
[38] O mesmo se aplica para Quixote, mesmo registrando-se que esta segunda forma segue a grafia do nome do herói grafada na capa da primeira edição do romance, em língua espanhola. (N.R.)

A UM FABRICANTE DE PÍRULAS

Exulta oh Pauliceia, a fronte eleva
Sorri da Grécia e de Esculápio estulto,
Afronta o velho mundo, ousada rompe
Nas aras da memória ergue o teu vulto.

Cidade eterna de prodígios altos,
Que o gênio domas de Misrai potente,
Encrava em bronze com douradas letras
Teu nome excelso de poder ingente.

O Cairo, a Grécia, a Babilônia antiga,
A culta França e a Bretanha ousada,
Ouvindo a fama que o teu nome alteia
Vacilam, tombam do letargo ao nada!

Os vultos da ciência purgatória
Osíris e Quíron, o louro Apolo,
Vencidos de terror medrosos tremem,
E as frontes curvam no gretado solo!

Quem há que possa competir contigo,
Viçoso berço de varões preclaros?
Nem Podaliros de saber profundo,
Ou d'áurea Praxítea os filhos caros!

Se alguém tentar sobrepujar teu nome,
De inveja prenhe e de letal veneno,
Soberba aponta para o vulto hercúleo
Do *Pirulista* de assombroso aceno.

Herói fulgente, qual não viu Atenas
Em almos dias que a ciência esmaltam;
Professor magnus de purgantes acres –
Em piruletas que curando matam!

Impando afirma – que com bravas ervas
Sarou morfeia, e tudo mais que diz,
Tomou formosos carcomidos corpos,
Com pele e carne, e magistral nariz.

Famintos cura, de dinheiros a falta,
Cabeças ocas, de juízo ausência,
Barriga dura, catarral defluxo,
A hidropisia e perenal demência!

E para assombro, do renome, amostra,
Em um – *Correio Paulistano*, – antigo,
O selo, a prova desta grã verdade,
Depois o prega em besbelhal postigo.

Caducas velhas de viver cansadas,
Que têm na coma claraboia imensa,

Tomando as doses do doutor chanfana
Concebem, porém, sem temer doença!

Eis troam, rugem na rotunda pança
Trovões soturnos, sibilantes ventos,
Farpados raios coruscantes ardem
Na cava estreita, em barrigais tormentos!

Tomou aquela, por debique ou luxo,
Das tais pírulas seis macitos – só!
Da pança em fora descretou[39] bramindo
Maçada horrenda, ventania e pó!

E de improviso, por mistério oculto,
Ou providência do remédio santo,
Sentiu crescer-lhe a barrigaça a velha –
Um filho teve por fatal encanto!

Lá mais dois casos de eternal memória
Um velho rengo, uma viúva anosa;
Purgado aquele se transforma em jovem,
A velha em moça virginal formosa!

Silêncio, oh povos! que lá vem milagre,
Repiquem sinos badalar tem-tem!
Atentos mirem da gazeta o caso;
– Lá parem velhas de janeiros cem!

---

[39] Tendo em vista o assunto de que tratam os versos, "descretou" seria uma combinação entre "excretou" com o referido "decretou", para aludir aos efeitos das pírulas. Corrigido para "decretou" por Ferreira, porém ficamos com a provável licença poética. (N.R.)

Primeiras trovas burlescas de Getulino

Estende as asas oh Galeno hercúleo,
Adeja em torno da virente Clio;
Despreza os parvos, a sandice estulta,
Berrar de sapos e da inveja o pio.

Em trono calhandral erguido aos ares,
Entre nuvens de incenso purgantino,
Recebe as ovações da gente enferma,
Nas salvas do ribombo tiberino.

Exulta, oh Pauliceia, a fronte eleva
Sorri da Grécia e de Esculápio estulto
Afronta o velho mundo, ousada rompe,
Nas aras da memória ergue o teu vulto.

Rasgando os ares, da vitória certa,
Varrendo as ondas co'os prodígios teus,
Sacode os astros, as montanhas quebra,
Renome imprime nestes versos meus.

E o tal Galeno de purgar sedento,
Que as vidas troca por eterno sonho,
Eleva ao cume das esferas lúcidas,
Nas crespas asas do tufão medonho.

Em torvo monte de fecais matérias,
Quais dundaras montanhas solevadas,
Receba altivo a coruscante auréola
Das mãos da fera Parca descarnadas!

São Paulo

A UM NARIZ

Você perdoe,
Nariz nefando,
Que eu vou cortando
E ainda fica nariz em que se assoe.

Gregório de Matos

Aí vai, leitores,
Um monstro esguio
Que em corrupio
De uma rua tem posto os moradores.

Maior que a proa
Da nau de linha,
Tem camarinha
Aonde à tarde se obumbra a tocha coa[40].

---
[40] Equivalente à "furtiva", "pálida". (N.R.)

Primeiras trovas burlescas de Getulino

Rinoceronte
De tromba enorme,
Mais desconforme
Do que o mero, a baleia, o catodante.

Nariz bojante,
Recurvo e longo,
Que lá do Congo
Alcança o Tenerife e Monte Atlante.

De raça eslava
Tremenda espiga,
E há quem diga
Que nela Polifemo cavalgava.

Nariz alado,
De cor bringela,
Que de pinguela,
Serviu no Amazonas celebrado.

E se não mente
A tradição,
De lampião
Fazia um farol da Líbia ardente.

Nariz de pau,
Com tal composto,
Que sobre o rosto
Tem forma de bandurra ou berimbau[41].

---

[41] A forma culta contemporânea prefere "berimbau", porém foi mantida a forma popular. (N.R.)

Luiz Gama

Cavado e torto,
Formal tripeça,
Fundido à pressa
Nas forjas de Vulcano – por aborto.

Nariz de forno,
De amplas badanas,
Que mil bananas
Aloja em cada venta, sem transtorno.

É tão famoso
O tal nariz,
Que por um triz
Não fez parte do cabo tormentoso.

Qual catatau
Da testa pende,
E alguém entende
Ser ninho de coruja ou pica-pau.

Nariz de barro,
Mas não cozido,
Que suspendido,
Sobre as grimpas da lua vai de esbarro.

De quanto fiz
Não se enraiveça;
Não enrubesça,
Que p'ra dar e vender sobra nariz.

UMA ORQUESTRA

Por certa cidade
Sozinho vagando,
Ao mórbido corpo
Alívio buscando:

Acorde harmonia
Ao longe escutei,
E aos dúlios acentos
Meus passos guiei.

Além, numa rua,
Em casa antiquada,
Diviso ao luar
De Euterpe a morada.

A ela me chego,
Com gesto tardio,
Por entre as janelas
Os olhos enfio.

Mas eis que diviso
Um velho zangão,
Zurzindo raivoso
No seu rebecão.

Marcava o compasso,
A pança empinava,
Que, em clave de bufo,
Confusa roncava...

Mexia-se todo,
Fazendo caretas;
As ventas fungavam
– Sonantes trombetas.

Na vasta batata,
Que tem por nariz,
Formara seu ninho
Crescida perdiz.

Sobr'ela, de encaixe,
Luzindo se via
A vítrea cangalha
Que a vista auxilia.

Num lado da penca,
Em alto degrau,
Sereno cantava
Audaz Pica-pau.

Da luta cansado,
Tremendo e suando,

A bola afrescava
Pitadas tomando.

As grossas c'ravelhas
Ligeiro torcia,
Na banza afinada
De novo zurzia.

– Sentada num canto,
Bochechas inchadas,
De solfa na frente,
Em notas pausadas,

De venta enfunada,
Com ar de Sultão,
A dona da casa
Tocando trombão!

Formosa deidade,
Galante Ciprina,
Vestida à romana –
Trajando batina,

Tapava os suspiros
De seu clarinete,
Soprando com fúria
D'um anglo paquete!

A filha mais velha
Do tal Corifeu,
Que em flauta d'um tubo
Tem fama d'Orfeu,

Melíflua tocava
No seu canudinho,
Amenos[42] prelúdios,
Lundu miudinho.

A outra, segunda,
Dione formosa,
Impando as bochechas,
Possante e raivosa

Berrava na trompa,
Qual doida *Avertana*,
Mão dentro, mão fora
Da rasa campana!

Ridente menina,
Que um lustre contava,
Roliça baqueta
Airosa empunhava.

Nos pratos batia,
Malhava o zabumba,
Num moto contínuo
De *bumba-catumba*!
No meio da bulha,
Que os ares feria,
O velho, de gosto,
Contente sorria.

---
[42] No original, "A menos". (N.R.)

A testa esfregava
Co'a destra enrugada,
Nas largas *ventrechas*
Sorvia a pitada.

Com voz de soprano,
Fazendo trejeitos,
Alegre exclamava,
Batendo nos peitos:

"– Maestros famosos
"Da Grécia não temo,
"Nem Chinas ou Persas
"Da raça do demo.

"A todos confundo
"Com meu rebecão,
"Que ronca e rebrame,
"Qual fero trovão!

"Ferindo estas cordas
"Bezerros imito,
"Grunhido de porcos,
"Berrar de cabrito;

"Zurzidos de burros
"Miados de gato,
"Coaxados de sapos
"– Em tom pizicato –.

"Oh vinde Maestros
"Da Itália e da França,

"De passo ligeiro
"Dançar contradança!

"Oh vinde Aretino,
"Mozart e Rossini,
"Deixando a rebeca
"Também Paganini!

"Que todos patetas
"Aqui ficarão,
"Ao som retumbante
"Do meu rebecão!

"Toquemos meninas,
"Faceiras Camenas,
"Valsitas, quadrilhas
"Nas brandas avenas.

"E todos alegres,
"Vibrando o compasso,
"Os nomes gravemos,
"Na lira d'um Tasso!…"

O GRANDE CURADOR
DO MAL DAS VINHAS

Cesse tudo quanto a antiga Musa canta.
Que outro valor mais alto se alevanta!

Camões – *Lusíadas*, Canto I

Cá do antro negregado[43] em que eu habito,
Envolto na pobreza que me oprime;
Da fatal ignorância ao duro peso,
Qual réu que comete horrendo crime.

Ao mundo não lembrado, como a sombra
De ignorado Pastor em ermos vales;
Sofrendo da miséria atroz reveses,
Do meu fado curtindo acerbos males:

---

[43] Na edição de 1859, está "escurecido", segundo Ferreira. (N.R.)

Luiz Gama

Prostrado à sonolência que domina
A turba dos mortais assim rendidos,
De repente desperto ao som medonho
De brados estridentes – alaridos!

Impávido, correndo, me encaminho,
Em busca do sucesso não cuidado,
Que, os ares atroando, se anuncia,
Qual fero Adamastor, bramindo irado!
A trancos e barrancos, tropeçando,
De súbito deparo fronte a fronte,
– Não de susto falece comovido,
Com feio, desgrenhado e sujo Bronte!

Era hirsuta a melena, esfiapada,
Que nos ombros vergados se esparzia;
A boca retorcida, os dentes verdes,
Rotunda era a cabeça, mas vazia[44].

Trajava uma casaca que invejara
Um judas, ou magriço gafanhoto,
Presente que lhe dera, em despedida,
O seu velho patrão, que era piloto.

Com denodo, montava, um grã tonel,
Tinha a frente, de parras, enfeitada;
Empunhando na destra uma seringa,
E na sestra uma vinha, já curada.

---

[44] Na edição de 1859, o último verso está "E rotunda a cabeça, mas vazia.", segundo Ferreira. (N.R.)

Diante do herói vinham, saltando,
Uma chusma de Bacos, de cornetas;
Também vinha Príapo, enfurecido,
Entre velhas zanagas, e cambetas!

D'espanto dominado, lhe pergunto:
Quem és tu, ó mortal, que assim caminhas?
Responde-me o colosso, insano e forte:
"O grande curador do mal das vinhas!!"

E soprando-me a testa, d'improviso,
Por pouco me não deixa sem juízo!
Aos ares se elevou, empavesado,
As abas da casaca abrindo ousado;
E, logo que da terra se apartou,
Sobre as nossas cabeças espalhou:
Um chuveiro de anúncios, em gazetas,
Retumbantes artigos, grossas petas;
A caparrosa, a galha, a t'rebentina,
Essência de tabaco, e de quinina;
Pontinhas de charutos já fumados,
Ratos mortos, em vinho conservados;
Pomposos elogios, em jornais[45],
Sementes p'ra o fabrico de animais;
Um tratado das coisas reunidas,
E mais outras cousitas esquecidas!
Nem César, Bonaparte, nem Mavorte,
E outros em quem poder não teve a morte,

---

[45] Na edição de 1859, o verso está "Elogios frondosos em jornais,", segundo Ferreira. (N.R.)

Igualam, no saber, o pregoeiro[46],
Que das vinhas se aclama – curandeiro.
Por ele se esqueçam os humanos
De Assírios, Persas, Gregos e Romanos
– Que nas grimpas da glória repimpado
Um abraço vai dar no sol dourado[47].

---

[46] Na edição de 1859, o verso está "Igualam, no saber, o vinhateiro", segundo Ferreira. (N.R.)
[47] Na edição de 1859, os dois últimos versos estão "E, na festa da glória o mundo veja/ Que, do Pundo ao Panaso o cume beija.", segundo Ferreira. (N.R.)

PACOTILHA

Não ralhem, não façam bulha,
Que eu não sei se isto é pulha.

Polka

Se vive à janela
Moçoila gorducha,
Qual freira capucha,
Mirando o janota;
Fazendo trejeitos,
De lenço abanando,
O olho piscando –
É tola, idiota.

Se meiga donzela,
D'amor delirante,
Em lábias de amante
Segura se faz;
Põe fé no magano,

Luiz Gama

Lá cede um beijinho,
Mais outro abracinho –
Está no carcás...

Se velha caduca,
De face rugosa,
Pretende ansiosa
Gentil namorado;
Com feias caretas O dente arreganha,
Suspira, por manha –
É triste pecado.

E tendo na boca
Postiço teclado,
Com cera pegado,
Que joga e chocalha,
Das moças critica,
Com sanha de fúria,
Banindo a luxúria –
Não passa de gralha.

Se tolo basbaque,
Em prosa maçante
Julgando-se um Dante,
Se torna *poeta*;
Sem estro e sem tino,
De amor em furores,
Só fala das flores –
Precisa dieta.

E tendo na cara
Trombudo focinho,

Primeiras trovas burlescas de Getulino

Qual porco de espinho,
Se faz namorado;
Metido em funduras
Lá geme, e suspira,
Qual fero Timbira –
É asno chapado.

Se guapo marido,
Rapaz de bom gosto,
Vai pelo sol posto
Jogar seu pacau;
Deixando a metade,
Contente, alegrinho,
Não vê que o vizinho...
Coitado, é patau!

Mas sendo avezado
À tal brincadeira,
Quindim, frioleira,
Lhe chama – brejeiro –
Na frase, do mundo
Não passa por tolo;
Tem fronte, e miolo
De manso Cordeiro.

Se trôpego velho,
De queixo caído,
Dengoso e rendido,
Com moça se liga:
Lá quando mal cuida
Na fronte lhe saltam,
Relevos que esmaltam,
Em forma de espiga.

Luiz Gama

Se *rapa* o que pode
Finório empregado,
Campando de honrado,
Cuidando que brilha;
Em dia aziago
Tropeça, baqueia,
E vai, na cadeia,
Juntar-se à quadrilha.

Se impinge nobreza
Brutal vendilhão,
Que sendo *Barão*
Já pensa que é gente;
Aqueles que o viram
Cebolas vendendo,
Vão sempre dizendo
Que o lorpa é demente.

Se em peitos que fervem
Infâmias tremendas,
Avultam comendas
E prêmios de honor;
É que, com dinheiro,
Os rudes cambetas
Se levam das tretas
E mudam de *cor*.

Se fino larápio
De vícios coberto,
Com foros d'esperto,
De honrado se aclama;
É que a ladroeira,

Banindo o critério,
Firmou seu império
C'o gente de fama.

Se audaz rapinante,
Fidalgo ou Barão,
Por ser figurão,
Triunfa da Lei;
É que há Magistrados
Que empolgam presentes,
Fazendo inocentes
Os manos da grei.

Mulato *esfolado*,
Que diz-se fidalgo,
Porque tem de galgo
O longo focinho;
Não perde a *catinga*,
De cheiro falace[48],
Ainda que passe
Por bráseo cadinho.

E se eu que *pretecio*[49],
D'Angola oriundo,
Alegre, jucundo,
Nos meus vou cortando;
É que não tolero
Falsários parentes,
Ferrem-me os dentes,
Por brancos passando.

---
[48] Enganador. (N.R.)
[49] Relativo a ficar preto ou negro. (N.R.)

COLEIRINHO

Assim o escravo agrilhoado canta.

Tíbulo

Canta, canta Coleirinho,
Canta, canta, o mal quebranta;
Canta, afoga mágoa tanta
Nessa voz de dor partida;
Chora, escravo, na gaiola
Terna esposa, o teu filhinho,
Que, sem pai, no agreste ninho,
Lá ficou sem ti, sem vida.

Quando a roxa aurora vinha
Manso e manso, além dos montes,
De ouro orlando os horizontes,
Matizando as crespas vagas,
– Junto ao filho, à meiga esposa

Docemente descantavas,
E na luz do sol banhavas
Finas penas – noutras plagas.

Hoje triste já não trinas,
Como outr'ora nos palmares;
Hoje, escravo, nos solares
Não te embala a dúlia brisa;
Nem se casa aos teus gorjeios
O gemer das gotas alvas
Pelas negras rochas calvas –
Da cascata que desliza.

Não te beija o filho tenro,
Não te inspira a fonte amena,
Nem dá lua a luz serena
Vem teus ferros pratear.
Só de sombras carregado,
Da gaiola no poleiro
Vem o tredo cativeiro,
Mágoas e prantos acordar.

Canta, canta Coleirinho,
Canta, canta, o mal quebranta;
Canta, afoga mágoa tanta
Nessa voz de dor partida;
Chora, escravo, na gaiola
Terna esposa, o teu filhinho,
Que sem pai, no agreste ninho,
Lá ficou sem ti, sem vida.

SONETO

Retrato

É renga, magricela e presumida,
Com pele de muxiba engrovinhada[50];
O corpo de sumaca desarmada[51],
A cara de muafa[52] malcosida;

A perna de forquilha retorcida,
Os ombros de cangalha um tanto usada;
A boca, de ratões grata morada,
Maçante na conversa em mal sofrida;

---
[50] Magra, desalinhada. (N.R.)
[51] "Sumaca" se refere à "carne-seca", "magreza extrema"; e "desarmada" refere-se ao verbo "desestruturar", "desmontar". (N.R.)
[52] Trouxa de retalhos e roupas velhas. (N.R.)

Senhora de um leproso cão rafeiro,
Que, querendo passar por mocetona,
Se besunta com sebo de carneiro;

Vestida é saracura de japona,
De feia catadura, e de mau cheiro,
Eis a choca perua da Amazona.

A UM VATE ENCICLOPÉDICO

Quis um jovem marchar, só por mania,
Das letras pela senda trabalhosa;
Diz-se Vate, mas prenda tão famosa
Ninguém nos versos seus a descobria.

Começa a dar patada, e tão bravia,
Que logo (alçando a voz imperiosa)
Lhe brada a Natureza: Chega à prosa!
E o maldito a encostar-se à poesia!

Faustino Xavier de Novais – Soneto

Qual cratera lançando lava ardente,
De Pompeia tragando a pobre gente[53],
Novo Aníbal os mares agitando,
Arbustos e penedos derrubando,

---
[53] Na edição de 1859, o verso está "Que de Pompeia sumiu a pobre gente", segundo Ferreira. (N.R.)

Primeiras trovas burlescas de Getulino

Argentino Quixote se apresenta
Com bulha que as cabeças atormenta!
É Doutor em ciências sociais,
Conhece toda casta de animais;
Em direito, suplanta o *Savigny*,
Mormente quando toma a – Parati;
E nos fastos da *grã* filosofia
Diz tais coisas que as carnes arrepia!

Da Medicina o novo *Chernoviz*,
Faz xaropes, do ferro tira giz!
E, invadindo as *baias do Parnaso*
O lugar conquistou *do tal Pégaso*!
A sabença nos *cascos* se lhe aninha,
É por todos chamado o – Dom Fuinha;
E da torva montanha da cachola,
Pende a velha e cediça c'raminhola[54]!

Um taful que encarou o tal portento
Afirma que o coitado era jumento;
E querendo provar o que dizia,
Mostrava uma castrada poesia:
D'asneiras enxurrada furibunda,
Onde o erro falaz superabunda:
Era prosa cediça, mui safada,
Asneira sobre asneira amontoada!
E no fim da maçante frioleira
A firma do *grã* vate – baboseira.

---

[54] Na edição de 1859, os dois últimos versos estão "E na boça rotunda da cachola/ Só dizem que preside a c'raminhola!", segundo Ferreira. (N.R.)

Luiz Gama

Correu, em peso, a sábia Academia,
Para ver o planeta que luzia;
Também veio a Polícia, a Medicina,
Discutir tanta asneira em sabatina!
Miraram de alto a baixo o sacripante[55]
E vendo que o maroto era pedante,
Na barca de Caronte o encaixaram,
P'ra casa dos orates o mandaram.

Lá se foi o talento desmedido,
Todo o povo deixando espavorido,
Habitar os salões d'um hospital
Onde cura terá para o seu mal.

---

[55] Na atualidade, a grafia foi corrigida para "sacripanta", porém, neste caso, a rima sofreria prejuízo. (N.R.)

NO ÁLBUM
DO SR. CAPITÃO JOÃO SOARES

> Escrever num Álbum!... Credo!
> Expor-me à crítica austera!
> E se um douto me impusera
> Pena de longo degredo!
> Nada...nada, tenho medo
> De ir a alguém desagradar;
> Não ponha o meu nome a par
> Dos que têm estro e ciência;
> Amigo, tem paciência:
> Quem não tem não pode dar.
>
> Faustino Xavier de Novais

Manda Vossa Senhoria,
Que o seu pobre servidor,
Empunhando leve pluma,
Seja feito um escritor!

Luiz Gama

E, qual Nume antipotente[56]
Que domina os elementos,
Mostre, aqui, do encanto a força
Exibindo altos talentos!

Nas trevas lutando,
Sem estro, sem guia,
Guindado na prosa,
Sem ter poesia;

Não sei como possa
Tal mando cumprir,
E da brincadeira,
Já quero me rir.

No Álbum do Vate
Bem quero escrever;
Mas como fazê-lo
Sem nada saber?

Meter-m'a abelhudo
Em coisas d'alcance,
Fazer traquinadas,
Sofrer algum transe?

Dizer asneirolas,
Cediças maçadas;
Borrando o papel
Com frases safadas?

---

[56] "Antipotente", como está na edição de Romão da Silva, funcionaria regido pelo prefixo "anti-", referente a contrário, oposição. "Altipotente", como indica Ferreira, funcionaria regido pelo prefixo "alti-", referente a elevado, superior. (N.R.)

Curvar-me às dentadas
De certos pedantes,
Qu'em versos e rimas
São mesmo uns Atlantes?!

Nada, nada, meu Senhor,
Não caio nessa esparrela;
Não quero que o mundo diga –
Que o Luís é tagarela.

Não tenho sabença,
Não campo de autor;
Apenas me conto
Por um falador.

Das línguas estranhas
Nem uma aprendi,
Em nosso idioma
Sou – *Kikiriki*.

De Euclides – os riscos,
De Schiller – a história,
Se os li foi por brinco,
Não tenho em memória.

E, de mais, além de tudo,
Da escola saí mui rudo.

Se, por desenfado,
No meu triste lar,
Com penas e tinta
Me ponho a brincar;

Luiz Gama

Se acaso uma ideia,
Que vaga perdida,
Da minha cachola
Faz sua guarida;

Se astuto demônio,
Finório birbante,
Soprando na testa,
Me faz delirante;

E se dominado
Por esse rabino,
Algumas sandices
Escrevo, sem tino,

Depois refletindo
No fofo aranzel,
Em mil pedacinhos
Eu faço o papel.

Por mais que forceje
Não posso escrever;
Quem vir este livro
O que há de dizer?

Chamar-me pateta,
Por grande favor;
E dar-me patente
– De mau palrador.

Se for *literato*
Farsola, brejeiro,

Impando dirá:
Sempre é sapateiro.

Mas eu que conheço
Mesquinho que sou,
Da minha *fachada*
Desfrutes não dou.

Suplico de vós,
Meu caro Senhor,
Não queirais o mal
Do triste cantor.

– No Álbum do Vate
De grande saber,
Um pobre tarelo
Não pode escrever.

       Janeiro – 1859

A UNS COLARINHOS

Era na estação calmosa,
De novembro o mês corria,
E da tarde as horas sete
Da Sé no bronze batia.

Já do sol o clarão frouxo
Desmaiava no horizonte,
E penumbro se esparzia
Pelas cimeiras do monte.

Das trevas a soberana
Desdobrava o pálio escuro,
E a dourada luz diurna
Nos Alpes pairava a duro:

Quando a nós se dirigiram
Três mancebos mui galantes,

Primeiras trovas burlescas de Getulino

Belos, dengues, adamados,
Ricos, nobres e chibantes.

De entre os três um, que gamenho
Se amostrava com vigor,
Era um lindo figurino,
Com luxo, garbo e primor.

Oh! que par de colarinhos!
Grita, ao vê-lo, um capadócio,
Vêm pendentes do cachaço
D'aquele pobre beócio!

Cala a boca, tagarela,
Exclamou mais um terceiro,
– Aquilo que vês é fronha,
Vestida num travesseiro!

Alto lá! bradei altivo,
Fora, a bulha, isto é sofisma;
Não é fronha, são manípulas[57]
Que o prelado usa no crisma.

Ou segundo o Cobarrúbias,
Que é jurista de quilate,
São as pernas das ceroulas,
Do gorducho do Mirati.

---

[57] Faixa de tecido que o sacerdote usa nas liturgias. (N.R.)

Luiz Gama

E se turram na disputa,
Semelhante ao grande Evandro,
Provarei que são as folhas
Do projeto do Timandro.

Ou conforme outros autores,
Que nos vêm de barra-fora,
Fraldas são de ampla camisa,
Ou anáguas de senhora.

SEREI CONDE, MARQUÊS E DEPUTADO!

Pelas ruas vagava, em desatino,
Em busca do seu asno que fugira,
Um pobre paspalhão apatetado,
Que dizia chamar-se – *Macambira*.

A todos perguntava se não viram
O bruto que era seu e *desertara*.
– Ele é sério (dizia), está ferrado,
E tem branco o focinho, é *malacara*.

Eis que encontra, postado numa esquina,
Um esperto, ardiloso capadócio,
Dos que mofam da pobre humanidade,
Vivendo, por milagre, em santo ócio.

Olá, senhor meu amo, lhe pergunta
O pobre do matuto, agoniado:

Luiz Gama

– Por aqui não passou o meu burrego.
Que tem ruço o focinho, o pé calçado?

Responde-lhe o tratante, em tom de mofa:
O seu burro, Senhor, aqui passou,
Mas um guapo Ministro fê-lo presa,
E num parvo *Barão* o transformou!

Oh Virgem Santa! (exclama o tabaréu,
Da cabeça tirando o seu chapéu)
Se me pilha o Ministro, neste estado,
Serei Conde, Marquês e Deputado!

OS GLUTÕES

> *Que os gáseos olhos pela, mesa espalha*
> *Por ver se há mais comer que tire ou peça,*
> *Entrando nele com tal fome, e pressa*
> *Qual faminto frisão em branda palha.*
>
> Nicolau Tolentino – Soneto

Oh tu quadrada Musa empavesada,
Soberana rainha da papança,
Borrachuda matrona insaciável
Que tens o corpo pingue, e larga pança;

Oh tu arca bojuda que resguardas
O profuso fardel das comidelas;
Amazona terrível, devorante
Té capaz de engolir mil caravelas:

Esganiça o pescoço longo-estreito,
Em linha põe os teus animalejos,

Luiz Gama

Os hórridos abutres, feios lobos,
Porcos, galinhas, gatos, percevejos.

Vem à triste morada do trovista
Um canto lhe inspirar que cheire a bife,
Para a fama elevar dos lambareiros
Sobre as grimpas do monte Tenerife.

Vem filha do pincel do grande Alcíato
Dourar os versos meus que, descorados,
Não podem atrair leitores sábios,
Amantes da lambança e bons guisados.

Derrama nestas linhas desbotadas
O perfume odorante da linguiça,
Do paio português, do bom salame,
Que a fome desafia, e nos atiça.

Transmuda o negro véu da escuridão,
Que a vista me detém, cerrando os olhos;
Um quadro me apresenta em que divise
Saboroso pastel com seus refolhos.

Presuntos de Lamego, perus cheios,
Roasteebiffs[58] e leitões, tenras perdizes,
Tostado arroz de forno, nabos quentes,
Gansos, marrecos, patos, cordonizes.

Fervendo, em níveas taças cristalinas,
Espumante *Champagne,* jeropiga,

---
[58] Grafia utilizada na edição consultada. (N.R.)

Primeiras trovas burlescas de Getulino

O bastardo, o madeira, o porto velho –
Que tem a via láctea na barriga.

Cerveja da godêmia[59], marasquino,
O licor de Campinas, decantado,
Que faz sua visita, pelas *onze*,
À gente de focinho alcantilado.

Bojudos garrafões, quartolas cheias,
Em linha de batalha, a romper fogo,
À súcia comilona provocando
A gula saciar, por desafogo.

O coro das bacantes estrondosas
Em delírio bradando o – *evohé*;
Num canto a negra morte *esborneada*,
Tomando uma pitada de rapé.

Fortalece meu estro, oh grande Musa,
Estende os cantos meus pelo Universo,
Que um hino a teus alunos se consagre,
Se tão sublime preço cabe em verso!

Dos glutões já cadentes leio a fama
Nas páginas de um livro *quinhentista*;
Vejo a gula amolando as férreas garras,
Para em guerra tenaz fazer conquista.

---

[59] Não foi encontrada a referência para "godêmia". Houaiss apresenta "godeme" como referente a "inglês", "habitantes da Inglaterra que vieram ao Brasil, a partir da abertura dos portos", e Morais Silva apresenta "godenho" como designando "cascas de uva". (N.R.)

Luiz Gama

És tu valente Clódio – o fero Aníbal,
Que rompendo na frente dos papões,
Vais mostrar a potência gargantona
Dos xeques da bebança, e comilões.

Refere o grão Macedo, autor de nota,
Que só tu numa ceia chupitaste
De saborosos figos uns quinhentos
Além de dez melões que inda mamaste.

E, para terminar o tal repasto,
De tordos seis dezenas consumiste,
Do fruto da videira vinte arráteis,
Com mais ostras quarenta que engoliste.

Melon Grotoniense, por bazófia,
Um touro devorou, de quatro anos;
Teógenes também, famoso atleta,
Por aposta comeu três bois cabanos.

E Fágon, em lauta mesa – à custa alheia,
Transportou para a pança três leitões,
Dois carneiros, um ganso, um javali,
De centeio cem pães, quatro melões.

Mitrídates honrou com pompa e cultos
Os vivos sorvedouros ambulantes,
Com prêmios distinguiu canina fome,
Dos ávidos abutres devorantes.

Cambises rei da Lídia, em certa noite,
Atracou-se à consorte com tal gana,

Que a meteu inteirinha no bandulho,
Como quem embutia uma banana!

O ébrio Filoxênio lamentava
Um pescoço não ter de braças mil,
Onde o vinho corresse a pouco e pouco,
Como corre das pipas num funil.

A fecunda Bretanha viu, com pasmo,
Um filho dessa Roma armipotente,
Que de seixos comia cinco *arráteis*,
Um bode semimorto, e meio quente.

E tão feia a garganta se a mostrava,
Que em horror excedia uma cratera;
E tão forte o apetite que nutria,
Que a si próprio comera, se pudera!

Outros muitos heróis refere a história,
Que deixo de narrar, por carunchosos,
De feitos singulares, tão tremendos,
Que os guerreiros deslustram mais famosos.

Desdobre-se a cortina bolorenta
Sobre os nomes dos filhos lá da *estranja*;
Repimpe-se no templo da vitória
Os brasíleos heróis que comem *canja*[60].

---

[60] Uma referência a D. Pedro II, cuja preferência gastronômica era a canja. (N.R.)

Luiz Gama

Vinde, oh Ninfas cheirosas dos outeiros,
De noturnas essências perfumadas
Mimosas cavalgando urbanos *tigres*,
Os nomes borrifar-lhes; vinde, oh Fadas!

No vasto panteão quero que brilhem
Os lúcidos varões do meu país;
Em tela de algodão pintados sejam,
Com borra de café, água de giz.

Etéreo Caravaggio trace as linhas
Dos comilões de rúbidos toutiços,
Que o tonel das Danaides tem por pança
Onde cabem, sem custo, mil chouriços.

Calem-se os Celtas, Gregos e Romanos;
Silêncio! oh tuba Aônia e Lusitana!
Erguei-vos, oh glutões da minha pátria,
Temos coco, caju, temos banana!

E tu, audaz Macedo, registrante,
De ronceiras façanhas já caducas,
Vê quebrarem-se as guelas portentosas
Quais se quebram no chão frágeis *cumbucas*.

Dos Clódios e Milões prodígios altos,
Do ébrio Filoxênio heroicos feitos,
Sem viço, desbotados, já sem cores,
Por terra vão caindo, em pó desfeitos.
Junto deles assoma ousado e forte,
O dente arreganhando, um deputado,

Que com quatro *apoiados* retumbantes[61]
Nos cofres da Nação tem *manducado*.

Um longo diplomata aparvalhado[62],
Com pernas d'aranhiço, extenso pé,
Que na Europa se fez profundo e sábio,
No tráfico do fumo e do café.

Retumbante engenheiro de compasso,
O lume encaixotando nos planetas,
Metendo em *Capricónio, Libra* e *Vênus* –
O sonante metal chucha com tretas.

Centenas de empregados – *gente limpa,*
Que os penedos não rói, por não ter dentes,
Encaixando no fardel das comidelas
A Pátria reduzida a dobrões quentes.

Famintos tubarões, sedentos monstros –
Imortais tesoureiros d'obras pias,
Que engolem pedras, o metal devoram –
Sem que ronque a barriga em tais folias.

Os sagazes carolas d'ordens sacras,
Vigários, andadores, sacristães,
Que tragam num momento, Igreja e Santos
Sem meter na contenda os capelães.

---

[61] Na edição de 1859, "Que com quatro discursos sem tempero", segundo Ferreira. (N.R.)
[62] Na edição de 1859, "alargatado" ao invés de "aparvalhado", segundo Ferreira. (N.R.)

Luiz Gama

Oh, se Deus sobre a terra derramasse
Moedas de *quintal*, causando horror,
Inda assim saciar não poderia
A fome dum voraz procurador!

Prestante pai da pátria – *homem de peso!*
Entre rato e baleia – acachapado –
Morde aqui, rói ali, *lambe* acolá –
Mete dentro do bucho o *Corcovado*.

Se quereis, ó Leitor, ver já por terra
Cambises, que engoliu sua consorte,
Sim, prodígio maior vos apresento
Um Ministro vos dou – *papal* Mavorte.

Que abusando das leis da natureza,
À mãe pátria se agarra, como louco;
Cupita a pobre velha, e logo brada,
(Batendo no bandulho) – inda foi pouco!...

Deixemos, pois, atrás a glória antiga,
Das potentes gargantas esfaimadas;
Hosanas entoemos furibundas
As modernas barrigas sublimadas.

Que feitos gloriosos, desta laia
Gravados viverão na lauta história,
No perfume do vinho, e dos guisados
Voarão sobre as asas da memória.

FARMACOPEIA

> *Temos pimenta,*
> *Grato elixir,*
> *Que os vícios cura*
> *Sem afligir;*
> *Também sementes*
> *De dormideiras*
> *Que impáfias cura,*
> *E frioleiras.*
>
> Do autor

Primores d'além sec'lo, já caducos,
Focinhudas raposas estufadas,
Vinde ao vasto armazém, de *Citereia*,
Reformar as caraças desbotadas.

    Temos carmim
    Que a face enrubra,
    Sem que a velhice

Luiz Gama

    Fatal descubra,
    Belos chinós –
    Para as *papalvas* –
    Que encobre a cuia,
    Das que são calvas.

Para o velho que sofre d'enxaquecas –
Trovões e pataratas de barriga,
Em seco fuzilando, sem proveito,
Para o fero Esculápio que o fustiga –

    Temos seringas,
    Lá do Pará,
    Água de Celtz,
    Mas feita cá;
    Raiz saudável
    Do almeirão,
    Que cura tosse
    E catarrão.

Estulta rapariga, apavonada,
Que campa de Doutora e sabichona,
Cuidando, por saber *Paulo de Kock*,
Que os foros já não têm de toleirona.

    Venha que temos,
    Para lhe dar,
    Rotos calções
    P'ra consertar;
    Velhas ceroulas,
    Uma vassoura,
    Que a fama elevem
    Da tal Doutora.

Primeiras trovas burlescas de Getulino

Matuto que se mete a saberete,
Esquecido do milho e das abob'ras,
Não sabendo escrever seu próprio nome,
Arrota que tem lido grandes obras –

        Oh! para este
        Temos arreio,
        Albarda, esporas,
        Cabresto e freio;
        E se contente
        Se não mostrar
        Rebenque nele,
        Toca a marchar.

Marido que a consorte não recata,
Entregue ao desvario, ao desatino;
Que na pândega alegre não repara,
A figura que faz de – *Constantino* –

        Tem sortimento,
        Já reservado,
        Grinalda e gorra,
        Chapéu-armado,
        Barrete, à moda,
        Com dous raminhos,
        Para descanso
        Dos passarinhos.

Para as damas perluxas d'alto bordo,
Que servem, nos salões, de figurinos,
Enfeitadas bonecas de vidraça
Que alucinam os *Vates colibrinos* –

Luiz Gama

      Lindos toucados,
      De seda fina,
      Tendo na frente
      Alva cortina;
      E outros muitos
      Com reposteiros,
      Que também servem
      De mosquiteiros.

Para as *belas* amantes do *postiço*,
Que metem barbatanas pela saia,
Onde o vento brejeiro, remexendo,
Deixa ver as perninhas de lacraia –

      Temos balões,
      Torcida e gás –
      Estopa grossa
      Com aguarrás;
      E de farelos
      Um travesseiro,
      Para enfunar
      O alcatreiro.

Para o tolo mancebo desfrutável,
Que cem moças namora de pancada;
E julgando-se Adônis – na beleza,
De perfumes se *borra*, e de pomada –

      Casa de orates,
      Dieta e bichas,
      Crânio rapado,
      Lambadas fixas;

Camisa longa,
Purga e sal,
Que a bola afresca,
E cura o mal.

P'ra o torpe jornalista que não sente,
A pena mergulhando na desonra;
E de vícios coberto, o saltimbancos,
Só trata de cuspir na alheia honra –

Prudência e tino,
Critério e siso;
Também vergonha,
Se for preciso:
E se esta dose
Lhe não bastar
Um bom cacete
Para o coçar.

Para os finos garotos, e filantes
De cigarros de palha, ou de charutos,
Que levam noite e dia a pedinchar,
De carinha lavada, e muito enxutos –

Um – já não tenho[63] –
Aos tais *flaudérios*,
Que a mais é bucha –
Fora gaudérios! –
E se teimarem

---

[63] Na edição de 1859, "já acabou-se", segundo Ferreira. (N.R.)

Luiz Gama

      Com tal chincar,
      Um *quebra-queixos*,
      P'ra os desmamar.

Para os velhos carolas, marralheiros
Que afetam de santinhos – só de dia;
E sendo noute velha – encapotados,
Não resistem de amor à fanfurria.

      Cheiroso banho,
      D'alta janela,
      Que os ponha a trote,
      Fugindo d'*Ela*;
      Topada e queda,
      Nariz quebrado
      Um bom vergalho,
      Mas bem puxado,

Para o filho do pai *agonçalado*,
Sem brio, sem saber, sem criação;
Que os velhos venerandos não respeita,
Entre ovelhas mostrando-se leão –

      Quartel, chibata,
      Marinha ou praça,
      Que um cordeirinho
      O lobo faça;
      E se o tratante
      Não for barão,
      Morada grátis
      Na Correção,

Primeiras trovas burlescas de Getulino

P'ra o ancho protetor das letras pátrias
Mais cacório que chisme[64] – no *fintar*;
E que cheio *d'oral* filantropia,
Os impressos chupita, sem pagar.

    Um santo breve,
    Uma defesa;
    Um *patuá*
    Contra a esperteza;
    E se o maçante
    Inda insistir,
    Sebo nas pernas –
    Toca a fugir.

Para o gênio sagaz de um *pai da pátria*,
Amante da pobreza desvalida,
Que *lambiscar* aos patetas o que pode,
E lá mete n'aljaba fementida.

    Uma denúncia,
    Com documentos,
    Onde as *ratadas*
    Pulem aos centos.
    Depois cadeia,
    Calceta ao pé;
    Que é coisa santa
    Contra o filé.

---

[64] Percevejo. (N.R.)

....
Mas basta; oh Musa minha, não prossigas.
D'alguém desagradar já me arreceio;
Termina, mas falando dos trovistas,
Que malham com furor no vício feio.

"Bebem do roxo,
"Tomam café,
"Pitam charuto,
"Cheiram rapé.
"Jogam pacau,
"Truque, manilha;
"Quando Deus quer,
"Também o pilha."

A BORBOLETA

Sobre a açucena,
Que no horto alveja,
A borboleta
Mansinha adeja;

Libando os pingos
De orvalho brando,
Que a nuvem loura
Vem salpicando.

Meneia os leques
Por entre as flores,
Que o ar perfumam
Com seus olores.

Mimosos leques
De cores finas,
– Tela formosa
Das mãos divinas,

Luiz Gama

Ora serena,
Pairando a flux,
Esmaltes mostra
Do brilho à luz.

Ora nas águas
Boiando vai,
Qual folha seca
Que ao vento cai.

Ao vir da aurora
Vai do jasmim
Beijar a cútis
D'alvo cetim.

Ao cravo, à rosa
Afagos presta,
– Que a aragem sopra
E o sol recresta.

Ao pôr da tarde
Pousa em delírio
Nas tenras folhas,
Do roxo lírio.

E o frágil corpo
Em sono brando,
Que embala a brisa,
Que vem soprando,

Alívio encontra
Na solidão
Até que d'alva
Rompa o clarão.

QUEM SOU EU?
(A BODARRADA[65])

Quem sou eu? que importa quem?
Sou um trovador proscrito,
Que trago na fronte escrita
Esta palavra – "Ninguém!" –

Augusto Emílio Zaluar – "Dores e Flores"

Amo o pobre, deixo o rico,
Vivo como o Tico-tico;
Não me envolvo em torvelinho,
Vivo só no meu cantinho:
Da grandeza sempre longe
Como vive o pobre monge.
Tenho mui poucos amigos,

---

[65] Sob o título que vai apresentado entre parênteses, este é o poema mais famoso de Luiz Gama. (N.R.)

Porém bons, que são antigos,
Fujo sempre à hipocrisia,
À sandice, à fidalguia;
Das manadas de Barões?
Anjo Bento, antes trovões.
Faço versos, não sou vate,
Digo muito disparate,
Mas só rendo obediência
À virtude, à inteligência:
Eis aqui o *Getulino*
Que no plectro anda mofino.
Sei que é louco e que é pateta
Quem se mete a ser poeta;
Que no século das luzes,
Os birbantes mais lapuzes,
Compram negros e comendas,
Têm brasões, não – das *Calendas*,
E, com tretas e com furtos
Vão subindo a passos curtos;
Fazem grossa pepineira,
Só pela *arte do Vieira*[66],
E com jeito e proteções,
Galgam altas posições!
Mas eu sempre vigiando
Nessa súcia vou malhando
De tratante, bem ou mal,
Com semblante festival.
Dou de rijo no pedante
De pílulas fabricante,

---

[66] Padre Antônio Vieira denunciava em seus sermões os desmandos da colonização portuguesa. Um destes textos recebeu o título de *A arte de furtar*. (N.R.)

Que blasona arte divina,
Com sulfatos de quinina,
Trabuzanas, xaropadas,
E mil outras patacoadas,
Que, sem pingo de rubor,
Diz a todos, que é DOUTOR!
Não tolero o magistrado,
Que do brio descuidado,
Vende a lei, trai a justiça,
– Faz a todos injustiça –
Com rigor deprime o pobre
Presta abrigo ao rico, ao nobre,
E só acha horrendo crime
No mendigo, que deprime.
Neste dou com dupla força.
Té que a manha perca ou torça.
Fujo às léguas do lojista,
Do beato e do sacrista –
Crocodilos disfarçados,
Que se fazem muito honrados
Mas que, tendo ocasião,
São mais feros que o Leão.
Fujo ao cego lisonjeiro,
Que, qual ramo de salgueiro,
Maleável, sem firmeza,
Vive à lei da natureza;
Que, conforme sopra o vento,
Dá mil voltas num momento.
O que sou, e como penso,
Aqui vai com todo o senso,
Posto que já veja irados
Muitos lorpas enfunados,

Vomitando maldições,
Contra as minhas reflexões.
Eu bem sei que sou qual Grilo,
De maçante e mau estilo;
E que os homens poderosos
Desta arenga receosos
Hão de chamar-me tarelo,
Bode, negro, Mongibelo;
Porém eu que não me abalo,
Vou tangendo o meu badalo
Com repique impertinente,
Pondo a trote muita gente.
Se negro sou, ou sou bode
Pouco importa. O que isto pode?
Bodes há de toda a casta,
Pois que a espécie é muito vasta...
Há cinzentos, há rajados,
Baios, pampas e malhados,
Bodes negros, *bodes brancos*,
E, sejamos todos francos,
Uns plebeus, e outros nobres,
Bodes ricos, bodes pobres,
Bodes sábios, importantes,
E também alguns tratantes...
Aqui, nesta boa terra,
Marram todos, tudo berra;
Nobres Condes e Duquesas,
Ricas Damas e Marquesas
Deputados, senadores,
Gentis-homens, veadores[67];

---

[67] Servidor da corte. (N.R.)

Belas Damas emproadas,
De nobreza empantufadas;
Repimpados principotes,
Orgulhosos fidalgotes,
Frades, Bispos, Cardeais,
Fanfarrões imperiais,
Gentes pobres, *nobres gentes*
Em todos há *meus parentes.*
Entre a brava *militança* –
Fulge e brilha alta *bodança*;
Guardas, Cabos, Furriéis,
Brigadeiros, Coronéis,
Destemidos Marechais,
Rutilantes Generais,
Capitães-de-mar-e-guerra,
– Tudo marra, tudo berra –
Na suprema eternidade,
Onde habita a Divindade,
Bodes há santificados,
Que por nós são adorados.
Entre o coro dos Anjinhos
Também há muitos bodinhos. –
O amante de Siringa
Tinha pelo e má catinga;
O deus Mendes, pelas costas,
Na cabeça tinha pontas;
Jove quando foi menino,
Chupitou leite caprino;
E, segundo o antigo mito,
Também Fauno foi cabrito.
Nos domínios de Plutão,

Luiz Gama

Guarda um bode o Alcorão;
Nos lundus e nas modinhas
São cantadas as bodinhas:
Pois se todos têm *rabicho*,
Para que tanto capricho?
Haja paz, haja alegria,
Folgue e brinque a bodaria;
Cesse pois a matinada,
Porque tudo é *bodarrada*! –

O JANOTA

Sou bonito, sou da moda,
Chibatão de belo gosto;
Sou gamenho, tendo garbo,
Porte airoso e bem composto.

Vivo alegre, passo à larga,
Tenho trinta namoradas,
– Dez viúvas, seis donzelas
Sete velhas, não casadas.

Quatro negras, cinco cabras,
Sem contar certa mulata
E a vizinha, que é zanaga.
Com seu *beque*[68] de fragata.

Aias, amas e criadas,
Das matronas que apontei,

---

[68] A edição de Romão da Silva grafa "breque", equivalente à freio ou carruagem. Ferreira corrige para "beque", equivalente a narigão, preferido aqui. (N.R.)

Luiz Gama

Baronesas e Condessas,
E mais outras, que eu só sei.

Dos janotas sou modelo,
Figurino abaloado,
Calça larga, mangas fofas,
Cabelinho bem frisado.

A luneta ao olho presa,
Sapatinho envernizado.
Casaquim à *Dom Murzelo*
E o casquete afunilado.

Faço andar em roda viva,
Mil cabeças d'alto bordo;
Mas se um vil credor esbarro,
Foge o sonho, então acordo!

E de Rodes qual colosso,
Fico mudo, altivo e quedo;
Ouço a lenda impertinente,
Sem tugir – como um penedo.

Após um vem grosso bando,
Este grasna, aquele ruge,
Rosna o lorpa taberneiro,
Todo o resto orneja e muge.

Perfilando o colarinho,
Que da orelha passa além,
Corro a mão nas algibeiras,
Mas não puxo nem vintém!

Primeiras trovas burlescas de Getulino

Berra o criado,
Grita o barbeiro;
– Quero dinheiro!
Que frioleira!
Eu que, sem *gimbo*[69],
Ando pulando,
Vou me safando
Que pagodeira!

Eis que de um canto
Salta, raivosa,
A gordurosa
Da cozinheira;
Pede os salários,
Fala em tomate,
– Eu, em remate,
Dou-lhe a traseira!

Chora de raiva,
– Pobre coitada;
Que *vinagreira*!
Eu sou da moda,
Chupo o meu trago,
Como o não – pago,
– Por brincadeira.

E se há quem diga,
Que sou tratante,
Sagaz birbante,

---

[69] Variação de "jimbo" aceita pelo Dicionário Houaiss. (N.R.)

Luiz Gama

É maroteira;
Porque só finto
Parvos mascates,
Maus alfaiates,
– Por bandalheira.

Também por mofa,
Logro os lojistas,
Foros cambistas,
De mão ligeira;
Abelhas mestras,
Ratões livreiros,
Os sapateiros,
E a engomadeira.

Que santa vida,
Meu anjo Bento,
Oh que portento,
Que pepineira!
Sempre folgando,
Sem ter cuidado,
Ser namorado,
– Que pagodeira!

Quem deve e paga
Não tem miolo,
É parvo, é tolo,
Não tem bom tino.
Viva a chibança,
Vá de tristeza,
Morra a pobreza,
Que isto é divino!

LAURA

Aqui, ó Laura,
No teu jardim,
Pétalas colho
D'alvo jasmim.

Delas rescende
Doce fragrância,
Quais meigos sonhos
Da tua infância.

As plúmbeas nuvens,
Já fugitivas,
Os ermos buscam,
Serras esquivas.

Plácida lua
Nos Céus alveja,
Prateia os lagos,
E as flores beija.

Aqui, ó Laura,
Teus olhos garços,
Na linfa clara,
Nos Céus esparsos.

Lânguidos brilham
Nestas estrelas,
Que as brandas ondas
Retratam belas.

Na cor de rosa,
A luz da lua,
Risonha vejo
A face tua.

Carmíneos lábios
Nos rubros cravos,
Que n'hástea pendem,
Quais melios favos.

Teu níveo colo
– Na estátua erguida
Do amor de Tasso
– Da bela Arminda.

Na onda breve
O arfar do seio,
Que a aragem move
Com brando enleio.

Dos mal-me-queres
Áureos novelos

Os anéis fingem
Dos teus cabelos.

Da violeta
Na singeleza
Tua alma vejo,
Tua pureza

Ergue-te, ó Laura,
Do brando leito,
Dá-me em teu peito
De amor gozar;
Um volver d'olhos,
Um beijo apenas
Entre as verbenas
Do teu pomar.

Não fujas, Laura,
Vem a meus braços
Leva-me vida
Nos teus abraços...

Lá surge um Anjo!
Oh Céus, é ela!
Estrela vésper
De luz singela!

Cobre-lhe os membros
Alva roupagem,
Que manso agita
Suave aragem.

Luiz Gama

Longos cabelos
Belos se estendem,
E em ondas de ouro
Dos ombros pendem.

A ela corro
Tento abraçá-la
Recurvo os braços,
Mas sem tocá-la!

Era um Arcanjo
De aéreo sonho
No ar perdeu-se
Ledo e risonho.

Laura formosa
No leito estava,
Dos meus lamentos,
Só desdenhava.

Já a luz do dia
Renasce além,
Debalde espero,
Laura não vem.

Não têm meus versos
Beleza tanta,
Que ouvi-los possa
Quem tudo encanta.

Naquele peito
De olente flor,
Paixões não entram,
Não entra amor.

....

Era uma estátua – exemplo de beleza,
E como ela de mármor tinha o peito!

QUE MUNDO É ESTE?

Que mundo? que mundo é este?
Do fundo seio d'est'alma
Eu vejo... que fria calma
Dos humanos na fereza!
Vejo o livre feito escravo
Pelas *leis* da prepotência;
Vejo a riqueza em demência
Postergando natureza

Vejo o vício entronizado;
Vejo a virtude caída,
E de coroas cingida
A estátua fria do mal;
Vejo os traidores em chusma
Vendendo as almas impuras,
Remexendo as sepulturas
Por preço d'áureo metal.

Primeiras trovas burlescas de Getulino

Vejo fidalgos d'estopa,
Ostentando os seus brasões,
Feio enxerto de dobrões
Nos troncos da fidalgia;
Vejo este mundo às avessas,
Seguindo fatal derrota,
Em quando farfante arrota
Podres grandezas de um dia!

Brônzea estátua – o rico surdo
Aos tristes ais da pobreza
Amostra com vil rudeza
Uma burra aferrolhada;
Manequim de estupidez
No orgulho vão da cobiça
Tem por divisa cediça
Alguns vinténs e mais nada.

O poder é só dos Cresos,
A ciência é de encomenda;
Sem capital e sem renda
Com pouco peso – o que val[70]?
Talentos – palavrões ocos!
Que nunca deixaram saldo;
Não há sustância no caldo
Que não tempera o metal!

---

[70] "Val" por "vale" para rimar com "metal", quatro versos adiante. (N.R.)

Sisudez... que feia másc'ra[71]!
Isso é peste, isso é veneno!
Se é pobre, nasceu pequeno,
Quem aspira à posição?!
Não vê que é grande toleima
Querer subir sem moeda,
Pois não escapa de queda
Quem teve um leito no chão!

Que se empertigue enfunado
Algum sandeu que traz marca...
Reparem que a bisca embarca
Que leva à vela o batel!
E o povo que o vê fulgindo
Com lantejoulas brilhantes
Não olha p'ra o que foi d'antes,
E nem lhe enxerga o xarel[72]!

E o mais é que zune e grasna
O pateta aparvalhado!
Parece que é deputado
Os ministros fulminando;
Grita, berra, espinoteia,
Calunia, faz intriga,
Mas logo fala a barriga,
E vai a teta chupando!

---

[71] A edição de Romão da Silva corrige para "máscara". Nós ficamos com a forma da edição consultada. (N.R.)
[72] O mesmo que "xairel", relativo à xale ordinário ou vestido velho. (N.R.)

Primeiras trovas burlescas de Getulino

Digam lá o que quiserem
Fale embora o maldizente;
Eu bem sei que tudo mente,
Sei que o mundo tem razão;
Se eu tivesse na algibeira
Alguns cobres, que ventura! –
Mudava o nome, a figura,
Ficava logo *Barão*!

O BARÃO DA BORRACHEIRA

> *Quando pilho um desses nobres,*
> *Ricos só d'áureo metal*
> *Mas d'espírito tão nobres*
> *Que não possuem real.*
> *Não lhes saio do costado;*
> *– Sei que é trabalho baldado,*
> *Porque a pele dura têm;*
> *Mas eu fico satisfeita,*
> *Que o meu ferrão só respeita*
> *A virtude, e mais ninguém!*
>
> Faustino Xavier de Novais – "A Vespa"

Na Capital do Império Brasileiro,
Conhecida pelo – Rio de Janeiro,
Onde a mania, grave enfermidade,
Já não é, como d'antes, raridade;

E qualquer paspalhão endinheirado
De nobreza se faz empanturrado –
Em a rua, chamada, do Ouvidor,
Onde brilha a riqueza, o esplendor,
À porta de um modista, de Paris,
Lindo carro parou – Número – X –,
Conduzindo um volume, na figura,
Que diziam, alguns, ser criatura,
Cujas formas mui toscas e brutais,
Assemelham-na brutos animais.
Mal que da sege salta[73] a raridade
Retumba a mais profunda hilaridade.
Em massa corre o povo, apressuroso,
Para ver o volume monstruoso;
De espanto toda gente amotinada
Dizia ser coisa endiabrada!

Uns afirmam que o bruto é um camelo,
Por trazer no costado cotovelo,
É asno, diz um outro, anda de tranco,
Apesar do focinho d'urso-branco!
Ser jumento aquele outro declarava,
Porque longas orelhas abanava.
Recresce a confusão na inteligência,
O bruto não conhecem *d'excelência!*
Mandam vir do Livreiro Garnier,
Os volumes do grande Couvier;
Buffon, Guliver, Plínio, Columela;
Morais, Fonseca, Barros e Portela;

---

[73] Na edição de 1859, está "sai", segundo Ferreira. (N.R.)

Luiz Gama

Volveram d'alto a baixo os tais volumes,
Com olhas de luzentes vaga-lumes,
E desta nunca vista raridade
Não puderam notar a qualidade!

Vencido de voraz curiosidade
O povo percorreu toda cidade;
As caducas farmácias, livrarias,
As boticas, e vãs secretarias;
E já todos a fé perdido tinham,
Por verem que o brutal não descobriam,
Quando ideia feliz, e luminosa,
Na cachola brilhou dum *Lampadosa*;
Que excedendo em carreira os finos galgos,
Lá foi ter à *Secreta dos fidalgos*;
E dizem que encontrara registrado
O nome do colosso celebrado:
Era o grande *Barão* da Borracheira,
Que seu título comprou na *régia feira*!...

A CATIVA

> *Uma graça viva*
> *Nos olhos lhe mora,*
> *Para ser senhora*
> *De quem é cativa.*
>
> Camões

Como era linda, meu Deus!
Não tinha da neve a cor,
Mas no moreno semblante
Brilhavam raios de amor.

Ledo o rosto, o mais formoso,
De trigueira coralina,
De Anjo a boca, os lábios breves
Cor de pálida cravina.

Em carmim rubro engastados
Tinha os dentes cristalinos;

Luiz Gama

Doce a voz, qual nunca ouviram
Dúlios bardos matutinos.

Seus ingênuos pensamentos
São de amor juras constantes;
Entre a nuvem das pestanas
Tinha dois astros brilhantes.

As madeixas crespas negras,
Sobre o seio lhe pendiam,
Onde os castos pomos de ouro
Amorosos se escondiam.

Tinha o colo acetinado
– Era o corpo uma pintura –
E no peito palpitante
Um sacrário de ternura.

Límpida alma – flor singela
Pelas brisas embalada,
Ao dormir d'alvas estrelas,
Ao nascer da madrugada.

Quis beijar-lhe as mãos divinas,
Afastou-mas – não consente;
A seus pés de rojo pus-me
– Tanto pode o amor ardente!

Não te afastes lhe suplico,
És do meu peito rainha;
Não te afastes, neste peito
Tens um trono, mulatinha!...

Vi-lhe as pálpebras tremerem,
Como treme a flor louçã,
Embalando as níveas gotas
Dos orvalhos da manhã.

Qual na rama enlanguescida
Pudibunda sensitiva,
Suspirando ela murmura;
Ai, senhor, eu sou cativa!...

Deu-me as costas, foi-se embora
Qual da tarde do arrebol
Foge a sombra de uma nuvem
Ao cair da luz do sol.

SONETO

Sob a copa frondosa e recurvada
De enorme gameleira, Secular,
Sentado numa ufa a se embalar
Estava certa moça enamorada.

Eis que rola dos ramos inflamada
Tremenda jararaca a sibilar;
Fica a jovem na corda, sem parar,
Como a Ninfa de amor eletrizada!

Anjo Bento! exclamaram os circunstantes;
– Foge a cobra de horrenda catadura,
Os olhos revolvendo coruscantes.

Mas a bela moçoila com frescura
Num sorriso acrescenta – é das amantes
Nem das serpes temer a picadura.

NOVO SORTIMENTO DE GORRAS PARA A GENTE DE GRANDE TOM

> *De repente, magoado*
> *Da carapuça maldita,*
> *Qual possesso, o pobre grita*
> *Contra o fabricante ousado!*
> *Debalde o artista, coitado,*
> *Já de receio convulso*
> *Quer provar que nobre impulso*
> *O move, quando trabalha!*
> *– A carapuça que talha*
> *Ninguém crê ser feita avulso!*
>
> Faustino Xavier de Novais

Se estudante que vive à barba longa,
Excedendo, no grito, uma araponga,

Luiz Gama

Braveja contra o *fero despotismo*,
No lethes sepultando o servilismo;
E depois quando chega a ser doutor,
Se transforma em cediço adulador;
Permuta consciência por dinheiro,
E se faz, do Governo, fraldiqueiro:
Não te espantes, Leitor, desta mudança,
São milagres da Deusa da pitança.

Se vires um tratante ou embusteiro,
Com tretas, iludindo ao mundo inteiro,
A todos atirando horrendo bote,
Sem haver quem o coce a calabrote;
Se vires o critério desprezado,
O torpe ratoneiro empoleirado,
Orelhudos jumentos – de gravatas,
E homens de saber a quatro patas:
Não te espantes, Leitor, da barbaria,
Que é Deusa do Brasil, a bruxaria.

Se dormem de bolor encapotadas,
Roídas do gusano, esfarrapadas,
Nossas Leis, sentinelas vigilantes,
D'empregados remissos e tratantes;
Se o Júri criminal, da nossa terra,
Postergando o direito, sempre aberra,
Punindo com rigor pobres mofinos,
E dando liberdade aos assassinos:
Chiton, pio Leitor, não digas nada –
A Lei, cá no Brasil, é patacoada.

Se perluxo e dengoso magarefe,
Com passinhos de dança, *tefe-tefe*,
Entre as damas pretende ser Cupido,
Mas, chupando codilho, sai corrido;
Se um varão de coroa, digo, Padre,
Por obra do *divino*, c'a comadre,
Fabrico deu filhinho, por brinquedo,
Impinge no marido – psiu!... segredo!
É que sobre a sacristia mais constante
Imperam os decretos de Tonante.

Se o pobre, do trabalho extenuado,
Num dia de prazer fica *monado*;
E a ronda, que *tropeça e cambaleia*,
Encaixa o miserando na cadeia;
Se fortes Brigadeiros, Coronéis,
Habitam as tabernas, e hotéis;
A gente do bom-tom, os Deputados,
Se *torram* e não saem encarcerados
É que a *pinga*, entre nós, está vedada
Àqueles que não têm gola bordada.

Se o maçante orador, estuporado,
Ardente por chupar seu – apoiado,
Excita o apetite à parceirada
Com cediça modéstia enfumaçada;
E, depois, diz que a rosa tem perfume,
Que esvoaça de noite o vaga-lume,
Que o tabaco se toma pelas ventas,
E que as coisas benzidas ficam bentas:
É que fofa sandice, os disparates,
Empanturram a casa dos orates.

Luiz Gama

Se um tolo aparvalhado sem juízo,
Se arvora em literato, d'improviso,
Arrota erudição – em pleno dia
Esbarra de nariz na ortografia;
E outros que nas letras são mofinos,
Vão mostrando ao pateta os desatinos,
Curvando-se ao provérbio, mui sabido;
– *Que o farrapo se ri do descosido.*
É que os cegos não andam pelos nobres,
Mas seguros à mão dos outros pobres.

Se o homem que nasceu pra sapateiro,
E em direito, pretende ser *Guerreiro*,
Sovelando de rijo no *Lobão*,
– Ferra o dente na velha *Ordenação*;
Se o lorpa que nasceu para jumento,
Não tendo cinco réis de entendimento,
Banido da ciência, bestalhão,
Por força do dinheiro, sai Barão:
É que a honra, a virtude, a inteligência,
Não passam de estultícia ou vil demência.

Se erudito doutor, *filosofal*,
Querendo dar noções do animal,
Nos demonstra que a pata põe o ovo,
E dele brota o pinto, ainda novo;
Que segundo os regimes da natura,
Difere do cavalo na figura;
E metido entre a cruz e a caldeirinha
Vai dar co'a explicação lá na casinha;
É que o néscio chegou a sabichão
Por milagre de santa proteção.

Se torto alambazado palrador,
Mais tapado que *chucro borrador*,
Testo imbróglio tecendo impertinente,
De camelo, que era, se faz gente;
E cansando os humanos com sandices,
Por verdades impinge parvoíces;
Já roncando saber, qual tempestade,
Ser nas letras pretende potestade,
É que o néscio, coitado, não trepida,
Sobre os ares formar pétrea guarida.

Se esquentado patola às Musas dado,
Vai, a esmo, trovando sem cuidado;
E cedendo aos arroubos do talento,
Mais rápido se faz que o rijo vento;
E os polos devassando mui lampeiro,
Sustenta que Netuno foi barbeiro;
Escrevendo tolices de pateta,
Consegue, sem o – Crisma – ser poeta:
É que Apolo sustenta bizarria,
E cavalos precisa à estrebaria.

Eu, que inimigo sou do fingimento,
Em prosa apoquentado sem talento,
Apenas soletrando o b - a - bá,
Empunho temeroso o *maracá*.
Não posso suportar fofos *Barões*,
Que trocam a virtude por dobrões;
Qual vespa, esvoaçando, atroz picante,
Com sátira mordaz, sempre flamante,
Picando, picarei por toda a parte,
Se a tanto me ajudar ferrão e arte.

RETRATO DE UM SABICHÃO

Vá de retrato
Por consoantes,
Que eu sou Timantes
De um nariz de Tucano cor de Pato.

Gregório de Matos

Telas desprezo,
Liso marfim,
Rubro carmim,
Para a cara pintar do estulto Creso.

Só quero, Apeles,
Lápis grosseiro,
Negro tinteiro,
Que o lorpa que retrato é muito reles.

Primeiras trovas burlescas de Getulino

Em roto esquife
Traço o desenho,
Com tal empenho
Que esculpo de improviso tal patife.

Ventas de mono,
Olhar sisudo,
Altivo e mudo,
Como quem de pensar perdera o sono!

Fronte quadrada,
Tendo de espeque
Um curvo beque[74],
Pendente da caraça mal chanfrada.

Nariz de vara,
E companhia,
Que em pleno dia
Conserva noite escura em toda cara.

Franzida a testa,
Longas beiçolas
Tem o tal bolas,
Que os lares de Minerva horrendo empesta,

Grandes orelhas
De burro velho,
E um chavelho
Sobre a colmeia de áticas abelhas.

---
[74] Nariz grande. (N.R.)

Hirsuto o pelo;
De porco-espinho,
Lato o focinho,
Que de vaca não é, nem de camelo.

Olhos vidrados
Entre altaneira
Negra viseira,
Que dois montes parecem recurvados.

Rubras bochechas,
Engorduradas[75],
E tão inchadas
Que parecem de mero amplas ventrechas!

Rotunda a pança,
Azabumbada,
Que em trovoada
Traz o gordo cetáceo – em contradança.

Pernas de croque,
Atesouradas,
E tão vergadas
Que dois arcos parecem de bodoque.

Fofo beócio,
Com ar de nico[76];
Grosseiro mico
Entre os sábios metido a capadócio.

---

[75] Na edição consultada está no masculino, mas, neste caso, perderia a rima. (N.R.)
[76] No sentido bocageano, "nico" equivaleria a "diabo", conforme o verso "Faz caretas ao povo com ar de nico", soneto 353, *Obras poéticas*, volume I. (N.R.)

Toma juízo,
Deixa a luneta,
Torto cambeta,
Que essa tosca figura causa riso.

Não sejas tolo,
Deixa o Baucher,
E Pothier,
– Tens vazia a cachola, sem miolo.
Não toma esturro,
Bruto *eiviçon*;
Larga o Rogran,
Que eu já vi de pensar morrer um burro.

Toma o conselho,
Que te hei dado;
Marcha, tapado,
Vai mirar essa cara num espelho.

NUM ÁLBUM

É mania!

Ora quer, porque quer, o meu amigo,
O perluxo e dengoso Zé Maria,
Que eu mil versos troveje, retumbantes,
Num álbum que possui, só por mania!
        Não vê nem pensa
        O caro amigo,
        Que a musa esquiva
        Não toma abrigo,
        No teso crânio
        De um mau tarelo,
        Que por miolos
        Só tem farelo!

Bem sei que a estupidez, de enormes patas
Qual Ícaro pateta aos ares voa,
Mas sem tino, perdida entre as esferas,
N'altas nuvens tropeça e cai à-toa.

Primeiras trovas burlescas de Getulino

    Assim capengas
    Qualificados,
    Vão rabiscando,
    Entusiasmados,
    Gostosos versos,
    Com reumatismo,
    Que bichas pedem,
    E sinapismo.

Porém o que fazer em tais apuros,
Se o amigo reclama versalhada?
– Traçar sobre o papel com mão singela
O retrato da Bela sua amada.
    Potentes versos
    Requer o caso,
    Do grande Homero
    Torquato ou Naso!
    Silêncio, ó Vates,
    Que eu vibro a lira!
    Ciprina treme,
    E amor suspira!

Tem rosto ameloado – é pão de broa,
Nariz de funil velho acachapado,
Por sobr'olhos altivas ribanceiras,
Pescoço de cegonha esgrouvinhado.
    Limosos dentes,
    De cor incerta,
    A boca torta,
    Que mal se aperta;
    Pendidos beiços,

Luiz Gama

    Abringelados,
    Onde o – *Cazuza*
    Põe seus cuidados.

O corpo é um tonel empanzinado,
Por pés tem duas lanchas ou saveiros,
Por braços mastaréus sem cordoalhas,
Por tetas dois terríveis travesseiros.
    Tem barbatanas,
    Como baleia,
    Carão, enfim,
    De lua cheia;
    Renga de um quarto,
    A gâmbia esguia,
    Eis por quem morre
    O Zé Maria!

Não cores, meu amigo, do retrato,
Pois que a Ninfa é prendada – tem dinheiro;
É filha de um Barão – homem de peso
Que do teu velho pai foi cozinheiro.
    Cerra os ouvidos
    Aos que murmuram,
    Parvos, beócios,
    Que a raça apuram,
    Empolga a chelpa
    Faz-te bizarro,
    Dá na pobreza
    Um forte esbarro.

MINHA MÃE

> *Minha mãe era mui bela,*
> *– Eu me lembro tanto dela,*
> *De tudo quanto era seu!*
> *Tenho em meu peito guardadas*
> *Suas palavras sagradas*
> *C'os risos que ela me deu.*
>
> Junqueira Freire

Era mui bela e formosa,
Era a mais linda pretinha,
Da adusta Líbia rainha,
E no Brasil pobre escrava!
Oh, que saudades que eu tenho
Dos seus mimosos carinhos,
Quando c'os tenros filhinhos
Ela sorrindo brincava.

Luiz Gama

Éramos dois – seus cuidados,
Sonhos de sua alma bela;
Ela a palmeira singela,
Na fulva areia nascida.
Nos roliços braços de ébano.
De amor o fruto apertava,
E à nossa boca juntava
Um beijo seu, que era a vida.

Quando o prazer entreabria
Seus lábios de roixo lírio,
Ela fingia o martírio
Nas trevas da solidão.
Os alvos dentes nevados.
Da liberdade eram mito,
No rosto a dor do aflito,
Negra a cor da escravidão.
Os olhos negros, altivos,
Dois astros eram luzentes;
Eram estrelas cadentes
Por corpo humano sustidas.
Foram espelhos brilhantes
Da nossa vida primeira,
Foram a luz derradeira
Das nossas crenças perdidas.

Tão terna como a saudade
No frio chão das campinas,
Tão meiga como as boninas
Aos raios do sol de Abril.
No gesto grave e sombria,

Como a vaga que flutua,
Plácida a mente – era a Lua
Refletindo em Céus de anil.

Suave o gênio, qual rosa
Ao despontar da alvorada,
Quando treme enamorada
Ao sopro d'aura fagueira.
Brandinha a voz sonorosa,
Sentida como a Rolinha,
Gemendo triste sozinha,
Ao som da aragem faceira.

Escuro e ledo o semblante,
De encantos sorria a fronte,
– Baça nuvem no horizonte
Das ondas surgindo à flor;
Tinha o coração de santa,
Era seu peito de Arcanjo,
Mais pura n'alma que um Anjo,
Aos pés de seu Criador.

Se junto à cruz penitente,
A Deus orava contrita,
Tinha uma prece infinita
Como o dobrar do sineiro,
As lágrimas que brotavam,
Eram pérolas sentidas,
Dos lindos olhos vertidas
Na terra do cativeiro.

NO CEMITÉRIO DE S. BENEDITO DA CIDADE DE S. PAULO

> *Também do escravo a humilde sepultura*
> *Um gemido merece de saudade:*
> *Ah caia sobre ela uma só lágrima*
> *De gratidão ao menos.*
>
> Dr. Bernardo Guimarães

Em lúgubre recinto escuro e frio,
Onde reina o silêncio aos mortos dado,
Entre quatro paredes descoradas,
Que o caprichoso luxo não adorna,
Jaz de terra coberto humano corpo,
Que escravo sucumbiu, livre nascendo!
Das hórridas cadeias desprendido,
Que só forjam sacrílegos tiranos,
Dorme o sono feliz da eternidade.

Primeiras trovas burlescas de Getulino

Não cercam a morada lutuosa
Os salgueiros, os fúnebres ciprestes,
Nem lhe guarda os umbrais da sepultura
Pesada laje de espartano mármore,
Somente levantado em quadro negro
Epitáfio se lê, que impõe silêncio!
– Descansam neste lar caliginoso
O mísero cativo, o desgraçado!...

Aqui não vem rasteira a vil lisonja
Os feitos decantar da tirania,
Nem ofuscando a luz da sã verdade
Eleva o crime, perpetua a infâmia.

Aqui não se ergue altar ou trono d'ouro
Ao torpe mercador de carne humana.
Aqui se curva o filho respeitoso
Ante a lousa materna, e o pranto em fio
Cai-lhe dos olhos revelando mudo
A história do passado. Aqui nas sombras
Da funda escuridão do horror eterno,
Dos braços de uma cruz pende o mistério,
Faz-se o cetro bordão, andrajo a túnica,
Mendigo o rei, o potentado escravo!